新・大阪学

畑中章宏

SB新書
690

新・大阪学　目次

序章

「新・大阪学」事始め

「大阪」を問いなおす

大阪を深く、楽しく、本質的に知るためには、あべのハルカスの麓《ふもと》から、まず〝ちん電〟に乗ろう。ちん電とは阪堺《はんかい》電気軌道。通称「阪堺電車」の愛称。大阪唯一の路面電車で、地元で育った自分は〝ちんちん電車〟と呼んでいた。

阪堺電車には恵美須町《えびすちょう》を起点とする阪堺線と、天王寺《てんのうじ》を起点として上町《うえまち》台地の上を走る上町線がある。上町台地は、現在の大阪市部のほとんどが海に沈んでいた時代でも、人が住み、都がおかれ、港をかまえていた。いわば大阪の原型、大阪の歴史的核心というべき場所なのである。

上町台地はかつて、葦原《あしはら》の広がる湿地に半島状につきだしていた。大陸との交流がさかんになると、北端の難波津《なにわづ》はその門戸として栄えた。このあたりは古代には難波京、中世には石山本願寺《いしやまほんがんじ》（第2章）、近世には大坂城と各時代を通じて大阪の中心地となった。台地の中央には日本最初の官寺・四天王寺《してんのうじ》（第6章）が建立された。南端は現在の住吉区で、古代には住吉津《すみのえつ》があり、航海の神を祀る住吉大社《すみよし》（第1章、第6章）が篤く信仰され、栄えてきたのである。

四天王寺と住吉大社は、ずっと先にある紀伊国の熊野三山まで、熊野街道でつながって

図0-1　阪堺電車が走る風景

いた。この街道は住吉大社の南で大和川を渡ると、かつての自治都市・堺の街なかを通ることになる。南蛮貿易で栄え、千利休らのわび茶が生まれたこの町は、大坂が発展し、堺の港がおとろえるとともにすたれたものの、大阪の基盤をつくった町だといってよい。

　これまで大阪について語ってきた人たちは、そのほとんどが、「キタ」（梅田界隈）と「ミナミ」（心斎橋・なんば界隈）、あるいは「船《せん》場《ば》」（北は土佐堀川、東は東横堀川、南は旧長堀川、西は旧西横堀川に囲まれた地域。北浜・道修町・本町などを含む）が大阪の中心で、〝大阪らしい〟エリアだという前提に立っていた。しかし、キタとミナミと船場は、天王寺・あべの（阿倍野）や堺に比べると、歴史的にも民俗

図0-2　あべのハルカス

的にもずっと新しい地域なのである。

キタ／ミナミに比べると地味なイメージだった天王寺・あべのも、平成二五年（二〇一三）にあべのハルカスが誕生してから、訪れる人も増え、すっかりさまがわりした。しかし、ちん電に乗って堺に向かえば、その沿線に、大阪の本質的な記憶を〝考古学的〟に再発見することができるだろう。ちん電に乗ることで、大阪を「キタ」や「ミナミ」あるいは「船場」で代表させてきた、これまでの大阪学を相対化することができるのである。「がめつい」や「おもろい」といったステレオタイプな大阪イメージをくつがえすためにも、まずちん電に乗ることをお薦めしたい。

あべのハルカスの麓から上町台地を行く

ちん電の天王寺駅前停留場は、まさにあべのハルカスの麓にある。私はじつはその近くのあべのHOOPの二階にあるスターバックスコーヒーでよく原稿を書いている。二四〇円（小児一二〇円。いずれも全線均一）の運賃を払って浜寺《はまでら》駅前行きに乗り、まずあべの筋を南下しよう（全線1日フリー乗車券、大人七〇〇円・小児三五〇円の「てくてくきっぷ」も便利）。阿倍野停留場は、関西財界の雄・五代友厚《ごだいともあつ》の墓がある阿倍野墓地（大阪市設南霊園）の最寄りで、東に行くとフランス料理研究家・辻静雄（第1章）が開校した辻調理師専門学校があり、学生たちが行きかう。

ちん電は車道のあべの筋を離れて住宅地に入る。東天下茶屋《ひがしてんがちゃや》停留場は、熊野街道に沿った阿倍王子神社と安倍晴明《あべのせいめい》神社（第6章）にほど近い。前者は熊野九十九王子のひとつ、後者は陰陽師・安倍晴明（第6章）の誕生地伝承を伝える。上町線の前身は大阪馬車鉄道で、停留場の片隅には、かつてここから四天王寺の西門まで馬車鉄道がつづいていたことを記した石碑が立ち、上町台地の近代史をしのばせる。

続く北畠《きたばたけ》停留場の西には、旧制中学時代、詩人の伊東静雄（終章）が教壇にたち、作家の庄野潤三《じゅんぞう》（第5章）が学んだ住吉高校がある。瀟洒《しょうしゃ》な駅舎の姫松《ひめまつ》停留場のあたりから高級住宅地帝塚山《てづかやま》で、和菓子や洋菓子の名店、人気店も多い。帝塚山三丁目停留場の近くには帝塚山という地名の由来、帝塚山古墳がある。住吉鳥居前停留場はその名のとおり住吉

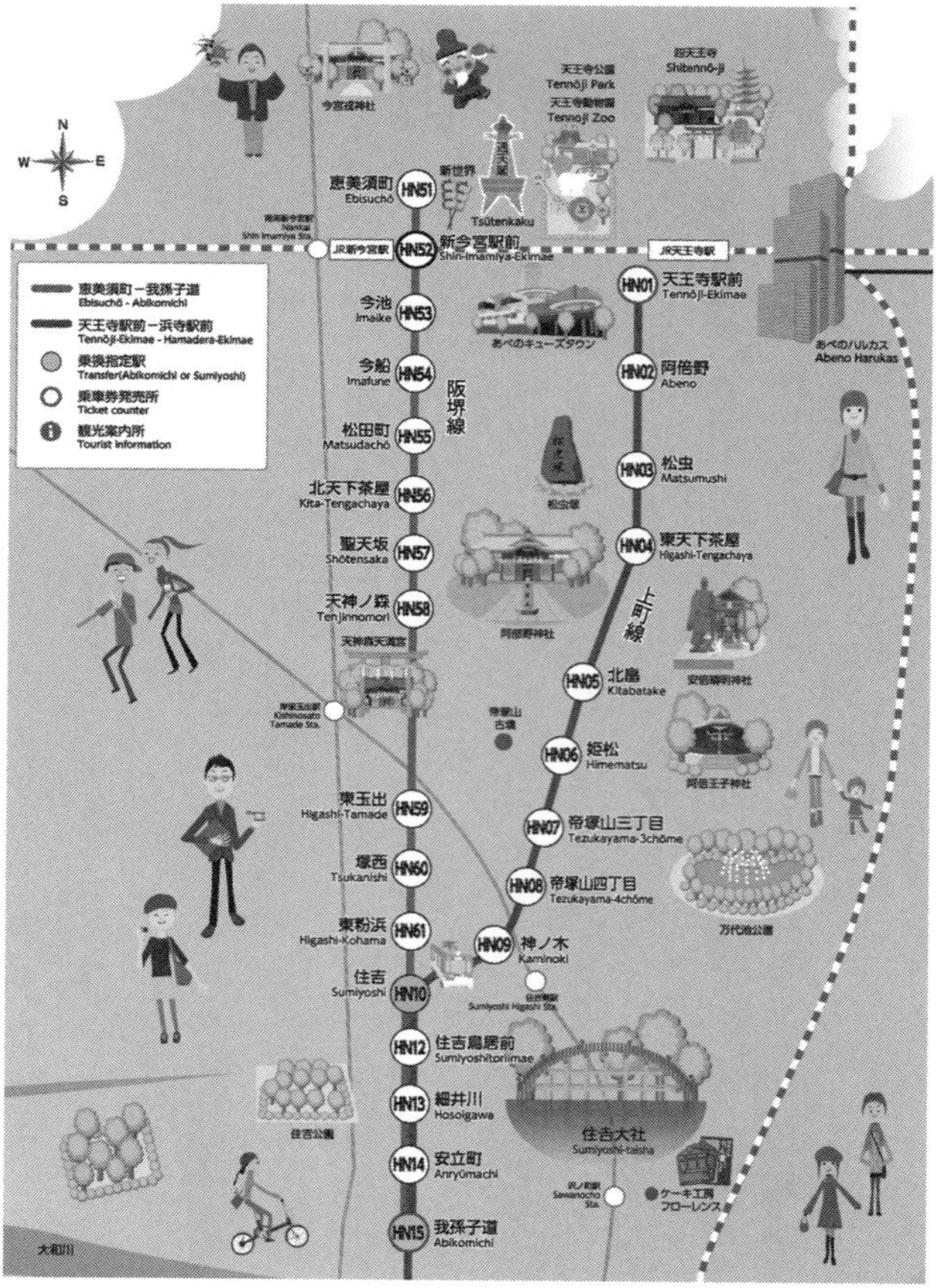

図0-3　阪堺電車路線図　大阪市内（天王寺駅前／恵美須町～我孫子道）

大社の鳥居前で、林立する石灯籠《いしどうろう》（第1章）がみごとだ。細井川停留場のそばを流れる細井川（細江川）は、古代は入り江で、先述の住吉津があった。

我孫子道《あびこみち》停留場が阪堺電車の大阪市内の最南端で、ここを過ぎると大和川橋梁《きょうりょう》を渡ることになる。橋の下を流れるのは、もちろん大和川である。この川が大阪市と堺市の現在の市境になるが、古代から中世、近世のある時期まで、じつはここには大和川はなかった。大和川の流路は、いまから約三二〇年前、宝永元年（一七〇四）に付替えられており、つまり大坂と堺の分断はこの土木事業によって生みだされたのである。

阪堺電車の旅はまだ途中だが、ここで少しこの付替え工事についてみておくことにしよう。

大阪と堺を分断した大和川付替え

大阪市と堺市をへだてる大和川は、かつては柏原村《かしわら》（現・柏原市）で南から流れてくる石川と合流し、そこから西北へ折れ、久宝寺川《きゅうほうじがわ》（長瀬川）と玉櫛川《たまくしがわ》（玉串川）に分流して、中小河川と合流しながら淀川《よどがわ》に注いでいた。古代・中世・近世のある時期までは、大和川の流路は現在とまったくちがっていたのだ。

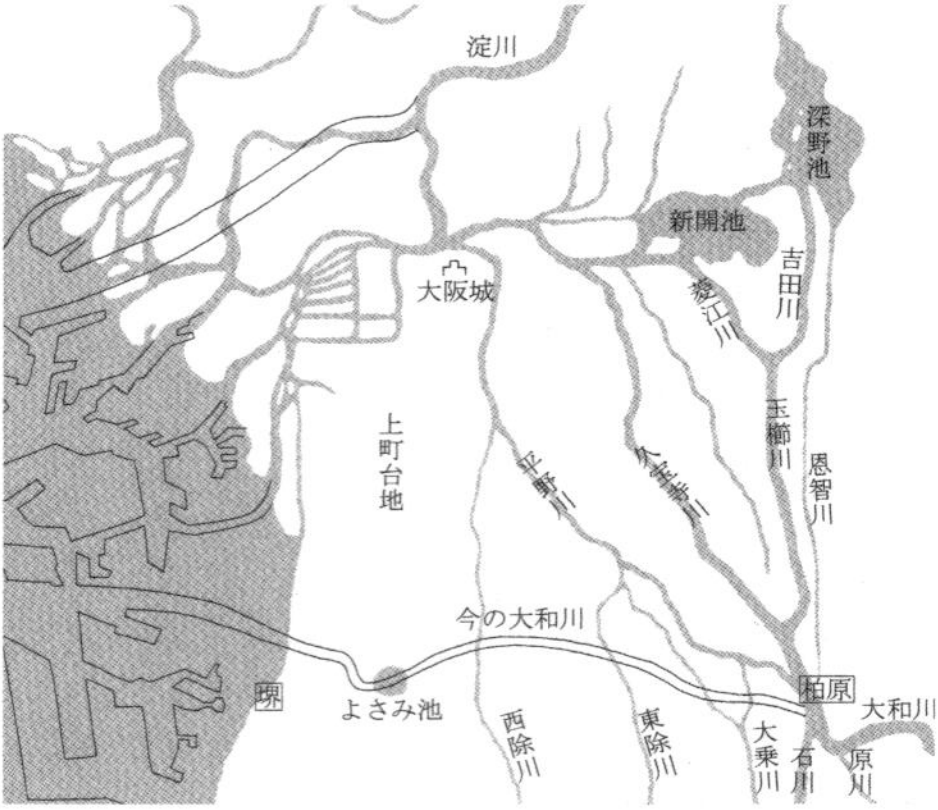

図0-4　付替え前の大和川

大和川が流れる河内《かわち》平野は、古代から田畑が開かれていたが、洪水の危険にさらされてきた。江戸時代の元和（一六一五〜二四年）から元禄（一六八八〜一七〇四年）にかけても、大水害が十数回も発生した。そこで今米《いまごめ》村（現・東大阪市今米）の中甚兵衛《なかじんべえ》をはじめ、河内・讃良《さらら》・若江・茨田《まんだ》などの郡の代表者たちが、大和川の流れを西へ向け、住吉・堺方面へ付替えてほしいと幕府に願いでたのである。

元禄一七年（一七〇四）二月二七日に、工事は川下にあたる堺の海側から開始され、幕府と各藩が工事の担当区域区間を分担した結果、八か月足らずという早さで付替えられた。この工事の規模は総延長約一四・三キロメートル、工事日数二二五日、工事用費約七万一五〇三両（約一四三億円）、工事人員は一日あたり約一万人を要したという。

自治都市・堺へ

大和川橋梁を渡ったところにある大和川停留場は堺市堺区に位置する。ここからまた阪堺電車に乗りなおし、堺の堺（境）らしさが感じられるポイントを見ていく。

堺市に入って二番目の高須神社停留場の西には、鉄炮鍛冶屋敷《てっぽうかじ》があり、また、チベットに旅した仏教学者・河口慧海《えかい》（第7章）の生家跡も近い。綾ノ町停留場の次駅、神明町《しんめいちょう》停留場の東には、かつて堺県庁がおかれた本願寺堺別院（堺御坊）があり、このあたりからちん電は、道幅が広い大道筋《だいどうすじ》の中央を走る。

花田口《はなたぐち》停留場の前にある戎《えびす》公園はザビエル公園ともいい、フランシスコ・ザビエルをもてなした豪商・日比屋了珪《ひびやりょうけい》（第7章）の屋敷跡だった。大小路《おおしょうじ》停留場近くを横切る大小路は、環濠都市・堺のほぼ中央を北西から南東方向に貫く。明治の初めまで、堺は大小路を中心に、北側の摂津《せっつ》国堺、南側の和泉《いずみ》国堺にわかれ、その南北で発展してきた。近世までの堺は、現在とかなりちがった趣があったはずだ。

宿院《しゅくいん》停留場の停留場名は住吉大社の御旅所、宿院頓宮《とんぐう》にちなみ、駅前には、茶聖・千利休《せんのりきゅう》（第6章）の屋敷跡や女性文学者・与謝野晶子《よさのあきこ》（第3章）の生家跡がある。停留場のすぐ近くには、千利休茶の湯館、与謝野晶子記念館からなるさかい利晶《りしょう》の杜《もり》（第6章）がある。

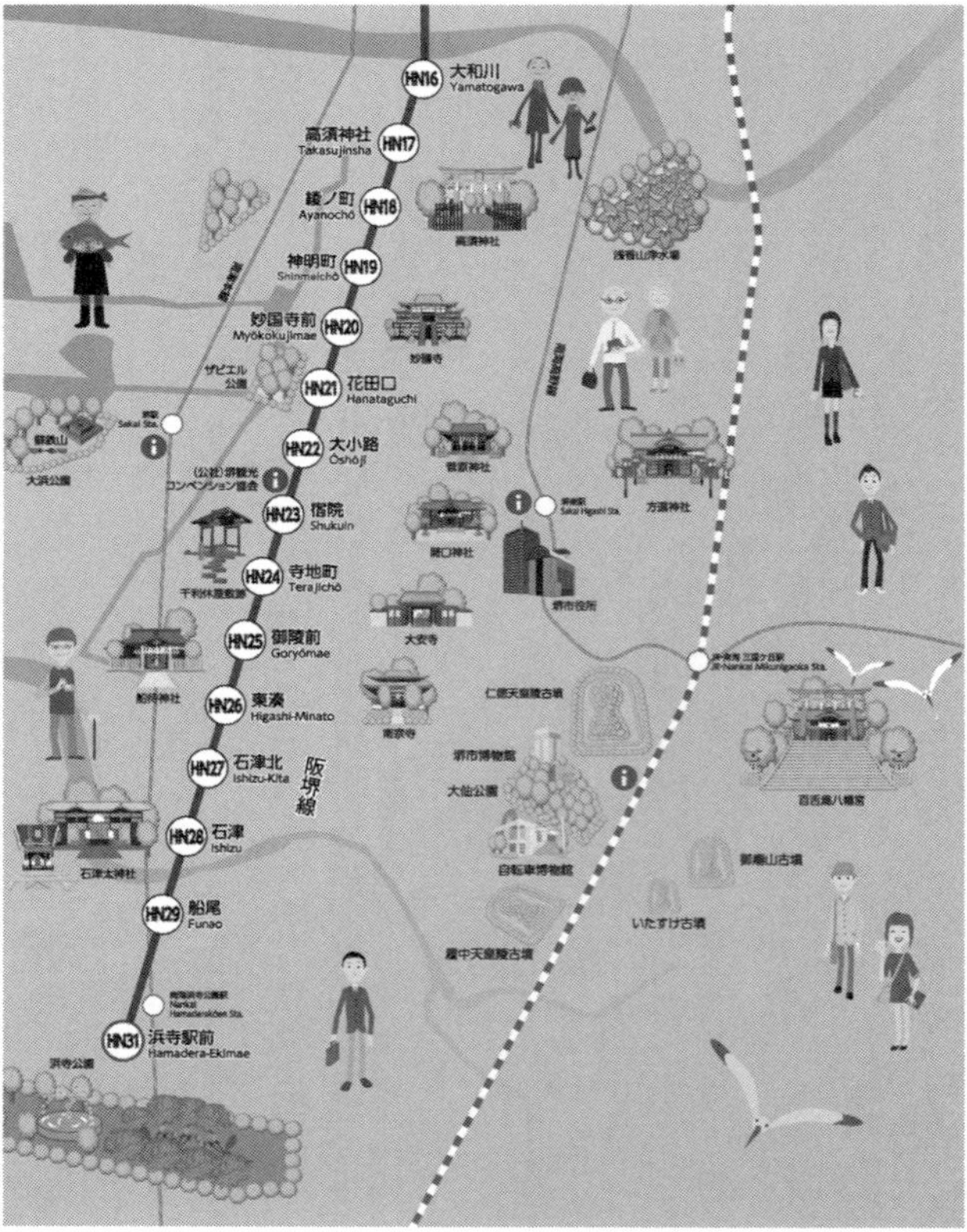

図0-5　阪堺電車路線図　堺市内（大和川～浜寺駅前）

船尾《ふなお》停留場を過ぎると、電車は南海本線をまたいでいき、浜寺公園の目の前に浜寺駅前停留場がある。ここが阪堺電車の終点だ。数十分前に乗車したあべのハルカスの麓とはまったく異なり、どこか〝南国感〟すら感じさせる。

天王寺から浜寺まで行くあいだにこれだけの見どころがあり、それぞれ「大阪らしさ」「堺らしさ」の一端を表わすような名所が目白押しなのである。

大阪はそもそも多様だった

堺がどことどこの境かというと、摂津国と和泉国の境である。

摂津国は現在の大阪府北中部の大半と兵庫県南東部、和泉国は大阪府南西部にあたる。また「三国ヶ丘《みくにがおか》」という地名があるように、堺は摂津国・河内国・和泉国の境だという認識をされてもきた。

ちなみに、摂津・河内・和泉の国名の由来は、次のような説が唱えられている。摂津は難波津を管理するという意味。河内は北境にあたる淀川の「川の内の方」をさす。和泉は神功皇后が朝鮮出兵の途中、地中に波音があり、清泉が湧きでたことに由来するという。

この三国が大阪府になるまでの経緯を簡単にみておこう。

大阪府の府域は古代の令制国では、摂津国の一部と、和泉国、河内国からなりたっていた。江戸時代、大坂と堺は幕府直轄地となり、摂津には高槻《たかつき》藩と麻田藩、河内国には丹南《たんなん》藩と狭山《さやま》藩、和泉国には伯太《はかた》藩と岸和田藩があった。

明治になって、地域の新しい行政区分である県の統廃合がおこなわれ、現在の四七にほぼ固まるのは明治二三年（一八九〇）のことになる。その間に大阪府とかかわった県は、奈良県、堺県、摂津県、河内県、豊崎県、兵庫県、五條県、高槻県、麻田県、岸和田県、伯太県、吉見県、丹南県など多数にのぼる。現在の大阪府ができるまでに、かなりの紆余曲折があったのだ。

幻の「堺県」

先にあげた県のなかで、堺県はかなり広大な県域を擁《よう》したが、いまでは知る人は少ないのではないだろうか。

堺県は明治元年（一八六八）に設置され、和泉国、河内国、大和国（現・奈良県）の全域を管轄し、県庁は堺奉行所跡（現在の車之町東二－三丁、櫛屋町《くしやちょう》東二－三丁周辺）におかれた（初代県知事は小河一敏《おごうかずとし》）。堺県庁は廃藩置県後、市内で最大の木造建築だった本願寺堺別院に移転し、境内地と建物を全て献上した堺別院は、宿院町に代わりの建物を建てて移った。当初の堺県は旧天領地だけだったが、近隣県を合併していき、明治九年には奈良県も合併して、近畿地方でも有数の大きな県になった。しかし、大阪府域を拡大する政府の方針により、明治一四年一月に大阪府に併合される。

もし堺県が、なんらかのかたちで存続していたら、大阪、関西、ひいては日本の近代史も変わったものになっていたかもしれない。

ターミナルとしての大阪――大大阪への郷愁

近世までの摂津国は梅田をターミナルにする阪急・阪神沿線、和泉国は難波から南に伸びる南海沿線、河内国は難波や上本町、阿部野橋から東や南に向かう近鉄沿線と重なる。この「ターミナルであること」は、大阪の重要な属性なのだ。大阪の近代は、まさに「ターミナルとしての大阪」として、その歴史を語ることができる。

明治二二年（一八八九）に市制が施行された大阪市は、大正時代後期から昭和の初期にかけて、「大大阪《だいおおさか》」と呼ばれる繁栄を迎えた。大正一二年（一九二三）九月に関東大震災が発生し、その被災者の一部が大阪市に転居してきたこともあって、人口が急増した。また同一四年の市域の拡張で、大阪市は東京府東京市を上回る日本一の大都市になった。商業・紡績業・鉄鋼業などが栄え、文化・芸術の中心として活気がみなぎった。御堂筋が拡幅し、大阪市営地下鉄御堂筋線が開通したのもこの時代である。

昭和四年（一九二九）、世界初の〝ターミナルデパート〟として、梅田に阪急百貨店が開店する。百貨店と直結する阪急梅田駅のコンコースは、モザイク壁画やシャンデリアなど豪奢《ごうしゃ》を極めた。昭和七年には、南海鉄道難波駅の四代目駅舎として南海ビルディングが建設され、その東側部分には、華やかな装飾が施された高島屋百貨店が入った。「大大阪」を最もよく象徴するものは、大阪市の拡充によって生まれたターミナルなのである。

大阪はターミナルとして、求心性より四方に延びていく遠心性に、オリジナリティやアイデンティティがあるのだといえる。ターミナルを発車し、京都府、奈良県、和歌山県、兵庫県との境、つまり大阪府の周縁部にこそ、〝大阪らしさ〟が溢れているのだ。

だから、大阪らしい場所を探すなら〝境〟を見つけることである。大阪の境界性、越境性を掘りおこしていくことで、大阪は現われる。これからくわしくみていくことだが、大阪には越境性（ボーダーレス）のほかに、ハイブリッド（混交、交雑）、オルタナティブ（非主流、傍流）といった特色がある。こうした特徴も、これまでの大阪学で主要な対象になってきたエリアよりも、大阪市、大阪府の周辺・周縁、境界上により濃く、より強く現われているのだ。

「大阪学」を超えて

大阪の中心を「船場」とする見方は、戦後、歴史学者の宮本又次《またじ》によって学問的な裏づけがなされ、一九九〇年代には、作家・文芸評論家の大谷晃一が一連の『大阪学』で、大阪を「キタ」と「ミナミ」で語る〝定型的〟な大阪観を定着させた。

宮本と大谷に共通してみられるのは、大坂・大阪を、江戸・東京と対照させる姿勢だった。しかし本書では、大阪を東京と比較したりはしないし、また西日本の代表だといった立場をとったりもしない。なぜなら、大阪は独自の土壌に、オルタナティブ（第5章）な文化をはぐくんできたからである。

大阪の本質としては、その特色として先にのべた越境性（第7章）やハイブリッド（第6章）もある。さらに、「天下の台所」「食いだおれ」といった言葉におさまらない地産地消による美食（第1章）、デザイン性を重んじる美意識の高さ（第2章）、文化や経営における女性の活躍（第3章）、自由で多彩な学問的土壌（第4章）、移住者を受けいれてきた多国籍性（第8章）など、これまでの大阪論、大阪考ではほとんど論じられてこなかった側面に本書では光をあてるつもりだ。

それでは、従来の「大阪学」を超えた新しい「大阪学」をめざして、そろそろ本論に進むことにしよう。

第1章 美食——〝魚庭〟〝菜庭〟の庶民の味

1　大阪の味はネットワークから

海を渡ってきたなにわの食材

阪堺電車を「住吉鳥居前」で下車しても、電車の窓から見るだけでも、住吉大社（大阪市住吉区住吉）に林立する石灯籠群は壮観の一言だ。その数六〇〇基あまり。このみごとな光景は海の神、航海の神、漁業の神である住吉大神にたいする信仰のあらわれにほかならない。

石灯籠群は、江戸時代から明治時代にかけて日本海海運で活躍した北前船《きたまえぶね》などの廻船業者らが奉納したもので、大阪が海運の拠点として列島の中心だったことを物語る。大阪のネットワーク、大阪人の越境性を、歴史的事実として示すものなのだ。

住吉大社の祭神は、住吉三神（底筒男命《そこつつのおのみこと》・中筒男命《なかつつのおのみこと》・表筒男命《うわつつのおのみこと》）で、また新羅《しらぎ》遠征に際して三神から神威を得て降伏させたという伝承から、神功《じんぐう》皇后（息長足姫命《おきながたらしひめのみこと》）も祭神に加えられている。

図1-1　住吉大社の石灯籠群

遣隋使や遣唐使など海外使節の派遣の際に、航海の安全を祈るため、朝廷はここでこの社の神前に供物を捧げた。その後も、海上交通の守護神として、航路の要所や漁民たちに祀られ、日本列島の沿岸部に信仰が広まった。中世には堺の商人に崇められ、近世になると北前船など廻船業が参詣するようになった。

石灯籠に刻まれた寄進者は、北は松前（北海道）から南は薩摩（鹿児島）まで広がり、業種や産物も多岐にわたっていたことがわかる。

寄進者を分類すると、海運・水産関係では、北前船、菱垣船《ひしかきぶね》、天道船《てんとうぶね》、過書船《かしょぶね》、茶船、伝法船《でんぽうぶね》、三十石船《さんじっこくぶね》、剣先船、柏原船、昆布、布海苔《ふのり》、鯨《くじら》、干鰯《ほしか》、魚油、雑喉場《ざこば》（魚市場）。農業・林業では、米（堂島）、宇治茶、木綿（綿綿）、藍（藍玉）、紅花、菜種油、蚊帳《かや》、材木、和紙、和砂糖。鉱業・金属関係では、石油・石炭・硝石《しょうせき》、灰、鋳物《いもの》（鍋釜）、磁器、金属（鉄・唐金）、包丁。そのほかに着物（古着）、小間物、道具屋、翫物《がんぶつ》（玩具・人形）や、大名、豪商、飛脚、自治体の名がみえる。

なかでも大阪の味の基本、だし（出汁）のもとになる、昆布の流通は大阪と全国を強く結びつけるものだった。

「昆布以前と昆布以降」

江戸時代の廻船商人である高田屋嘉兵衛《たかだやかへえ》を主人公とした司馬遼太郎（一九二三〜一九九六）の歴史小説『菜の花の沖』（一九八二年）に「昆布以前と昆布以降とでは、味覚の歴史は大いにかわったかと思われる」という記述がある。大阪の味は、昆布とカツオ節の合わせだしが基本とされるが、昆布のグルタミン酸とカツオ節のイノシン酸の相乗効果によって強いうま味を生みだすのである。

昆布を食べる習慣は、海運業の発達と近江商人らの活躍によって庶民に広まったという。江戸時代、北海道で収穫された昆布は日本海を経て、下関から瀬戸内海を経由する北前船の西廻り航路で大坂、堺に運ばれた。北前船の上がり荷は海産物、下り荷は米や塩、酒、古着などで、北国と西国の文化の交流をもたらした。

京都には利尻《りしり》昆布が荷入れされやすく、大阪には道南の真昆布《まこんぶ》が大量に送られた。まったりとコクのある真昆布のうま味が、大阪では喜ばれたのである。その真昆布と、紀州や土佐、薩摩に揚がるカツオを加工したカツオ節がであい、合わせだしが生まれた。堺の刃物技術のおかげで、とろろ昆布やおぼろ昆布に加工することができた。また、和歌山の醤油のおかげで、だしがいかされ、塩昆布も生みだされた。

おぼろ昆布やだし昆布はもちろん、塩昆布（佃煮《つくだに》）、とろろ昆布も大阪が誇る名物だ。住吉大社の石灯籠と昆布は、大阪の越境性を強く感じさせてくれるシンボルなのである。

2　地産地消の大阪

魚庭と菜庭

大阪は、「天下の台所」や「食いだおれ」といったことばで語られることも多い。しかしその実際は、どのようなものなのだろう。東京湾の江戸前のように、大阪湾の海の幸の豊かさは浸透していないし、近郊野菜の豊富さも、それほど知られていないのではないだろうか。

大阪を表わす「なにわ」は、浪花、浪華、難波のほか、「菜庭」や「魚庭」が語源だという説がある。

民俗学者・柳田国男の弟で海軍軍人であるとともに言語学者でもあった松岡静雄の『日本古語大辞典〔正〕（語誌篇）』に「ナニハ（浪速、浪華、難波）」の項目があり、その「義」（＝各語の語義及伝義、転用）には以下のように記述されている。

> ナ（魚）ニハ（庭）の意。魚の多い海面なるが故に名を負うたのであらう。海面をもニハといふことは万葉集第三巻〔三八八〕に「あへてこぎ出てむニハも静けし」とある古歌によつても明である。——ナニハと称へるのは今の大阪ばかりであるが、ナバと約せられては播磨、讃岐、土佐等の地名に残つて居る。
>
> （松岡静雄『日本古語大辞典〔正〕（語誌篇）』）

牧村史陽《しょう》編『大阪ことば事典』の「ナニワ」の項目には次のように記される。

ナニワのナは、菜・魚のナであって、食料品を意味する語である（納屋は、菜を入れる小屋、即ち食料を貯蔵するところ）。ニワは庭、広い場所。すなわち、ナニワとは、食料品の豊富にあるところ、あるいは、サカナのたくさん漁れる海面（漁場）のことになる。（中略）これは早く明治時代に松岡静雄が称え、魚澄惣五郎もその支持者であるが、ナミハヤ説よりは穏当と考えられる。

（牧村史陽編『大阪ことば事典』）

食料品が豊富であるとか、魚が多く獲れる海などが「なにわ」の語源だったとは、現代の大阪人は違和感をおぼえるかもしれない。しかし、魚庭、菜庭としての大阪は現在もつづいている。

大阪の味覚としてイメージされるのはきつねうどんや、お好み焼き、たこ焼きといった〝粉もの〟、あるいは串揚げなどだろう。しかし大阪の庶民が、日常的にこうした食べ物ばかりを食べているわけではない。大阪では季節ごとに、地元の食材を生かした料理を食べてきたのである。

〝茅渟の海〟の幸

ではまず、なにわ＝魚庭の歴史と現在を、みていくことにしよう。

大阪湾は古く「茅渟《ちぬ》の海」と呼ばれ、好漁場として多くの魚介類が漁獲されてきた。「ちぬ」は和泉地方の古名で血沼、血渟、珍努、珍、千沼などとも書かれる。

「茅渟の海」の由来はいくつかある。『古事記』神武天皇段に、神武天皇の東征時、兄の五瀬命《いつせのみこと》が矢傷をうけ、その血がこの海に流れ、手を洗ったことから「血沼海」と称したとの説話がある。また、瀬戸内海から大阪湾一帯を支配していた神「珍彦《ちぬひこ》」（椎根津彦《しいねつひこ》）から由来しているともいい、この海で獲れる代表的な魚がクロダイだったことから、チヌとも呼ばれるようになった。

大阪の商人は昔から縁起をかついで、正月の睨み鯛には赤地（字）のマダイではなく、一年間の黒字を願ってクロダイを使ったという。脂の乗った冬場のクロダイは、白身でほどよい歯ごたえがあり刺身や洗いのほか、塩焼きやムニエルにしてもおいしい。

堺市堺区の大浜公園では、毎年七月末に堺大魚夜市がおこなわれる。堺の夏の風物詩的

図1-2　泉佐野漁港

行事で、住吉大社の夏越祓《なごしはらえ》神事に際して、八月一日に宿院頓宮（住吉大社の御旅所）に神輿《みこし》が渡御《とぎょ》するのに合わせて、地元の漁師たちが魚をもちより神前に奉納した。その際、大浜海岸に魚市が立ったことに由来する。古くは七月三一日深夜から八月一日にかけておこなわれていたという。堺の商家に生まれた歌人の与謝野晶子は、子供の頃に生家で見聞きした住吉祭や、その前夜におこなわれた夜市の思い出を綴っている。

　現代の魚庭を堪能するには、堺の出島、忠岡、岸和田の地蔵浜、泉佐野、田尻、岬町《みさきちょう》の深日《ふけ》などの直売所がよい。なかでも泉佐野漁港の青空市場は、多くの鮮魚店が立ちならび、地魚を供する魚介料理店もあり活気に満ちている。

泉州ではイワシがよく獲れ、だしには煮干し（いりこ）をもちいた。大阪のだしでは昆布が歴史的に重要ないっぽうで、庶民にとっては身近ないりこだしがふつうだったのだ。

＊

淀川には〝川の幸〟がある。

淀川では昔から漁業がさかんで、雑喉場魚市場（現在の大阪市西区江之子島にあった）では、もともと野田や福島の漁師たちが小魚を商っていた。淀川には多くの漁師がいて、河口の汽水域ではコイやフナ、ウナギなどを獲り、ハマグリやシジミ漁もさかんだった。淀川河口域に生息し、昔から食べられてきた水産加工品「天然鰻《うなぎ》、鯊《はぜ》、九條しじみ、ボラ唐墨《からすみ》、稚鮎《ちあゆ》、身うるか、ボラの稚魚の江鮒《えぶな》、キビレ鯛」の八種を、「淀川八珍」という。一般的ではないが、大阪らしい食材、味覚としておぼえておきたい。

なにわの伝統野菜

大阪にはその食文化を支える、大阪独特の野菜が数多くあった。「なにわ＝菜庭」のゆえんである。

しかし戦後、品種改良や農地の宅地化、食生活の洋風化などが進み、伝統的な品種が店頭から消えていった。こうした伝統野菜を見なおし、昔ながらの野菜を味わえるようにと、府と関係機関が協力して、「なにわの伝統野菜」の復活に取りくんでいる。「なにわの伝統野菜」の基準は以下のようである。

（1）昭和初期以前（概《おおむ》ね一〇〇年前）から大阪府内で栽培されてきた野菜

（2）苗、種子等の来歴が明らかで、大阪独自の品目、品種、栽培方法によるもの、又は府内特定地域の気候風土に育まれたものであり、栽培に供する苗、種子等の確保が可能な野菜

（3）大阪府内で生産されている野菜

現在、選ばれているのは二四品目。海老芋《えびいも》、河内れんこん、大阪黒菜《くろな》、馬場なす、貝塚澤茄子、堺鷹の爪、難波葱《なんばねぎ》、毛馬胡瓜《けまきゅうり》、玉造黒門越瓜《たまつくりくろもんしろうり》、勝間南瓜《こつまなんきん》、金時人参《きんときにんじん》、大阪しろな、天王寺蕪《かぶら》、田辺大根、芽紫蘇《めじそ》、服部越瓜《はっとりしろうり》、鳥飼《とりかい》茄子、三島独活《うど》、吹田慈姑《すいたくわい》、泉州黄玉

図1-3　葉ごぼう

図1-4　ずいき

葱、高山真菜《まな》、高山牛蒡《ごぼう》、守口《もりぐち》大根、碓井《うすい》豌豆《えんどう》。

先述のような基準から、スーパーで手に入りにくいものもあるが、このうち勝間南瓜、金時人参、大阪しろな、碓井豌豆などは、季節の野菜として現在もよく見かけるものだ。

「なにわの伝統野菜」に入っていないが、スーパーで販売され、季節を感じさせる大阪らしい野菜として、筆者は「葉ごぼう」と「ずいき」をあげたい。

八尾市を中心に栽培され、春を感じさせる葉ごぼうは、広く知られるようになってきた。地元では「若ごぼう」、束ねた形が矢に似ていることから「やーごんぼ」と呼ばれる。根だけを食べるふつうのごぼうと違って、やわらかい軸（葉柄）と若い根を食べる。炒め煮などにするとたいへんおいしい。

ずいきは、泉佐野市、貝塚市、富田林《とんだばやし》市などが主な産地で葉茎が赤褐色の「唐のいも」品種を使っていることから「紅ずいき」と呼ばれ、夏の伝統野菜として親しまれている。紅ずいきを油揚げとともに煮物にした「紅ずいきと油揚げの炊いたん」は、大阪では定番のおばんざいである。

イカナゴのくぎ煮に水なすの浅漬

私が大阪らしい料理として、真っ先に思い浮かべるのは、野菜料理では水なすの浅漬、魚を使った料理ではイカナゴのくぎ煮である。

イカナゴは、西日本で全長三から五センチの小さなサイズは「シンコ（新子）」と呼ばれ、くぎ煮のほか、湯引きした釜揚げ、干したかなぎちりめんになる。また成魚は、「カマスゴ」や「フルセ」と呼ばれ、釜揚げしたものをそのまま、あるいは焼いたり、二杯酢で食べたりする。くぎ煮は、佃煮のひとつで、鮮度の良いイカナゴと醬油、砂糖、みりん、酒、生姜などを釜で水分がなくなるまで炊きこんでつくられる。炊きあがったイカナゴの見た目が、茶色く曲がり、錆《さ》びた釘のように見えることから「釘煮」と呼ばれるようになった。

大阪府から兵庫県の南部では、瀬戸内海から大阪湾で漁期になる毎年二月下旬から三月にかけて、家々でくぎ煮を炊く甘辛い香りが町にただようほどだった。ただ大阪湾では近年は不漁になやまされ、自主休漁がつづいている。

適度な気温と湿度に恵まれた泉州は、水なすの栽培に適し、ほかの地域で栽培しても泉州水なすのようには育たないといわれる。丸みを帯びた形で、皮が薄くて柔らかく、その名のとおり水分が多く、甘味のあるみずみずしさが特徴である。

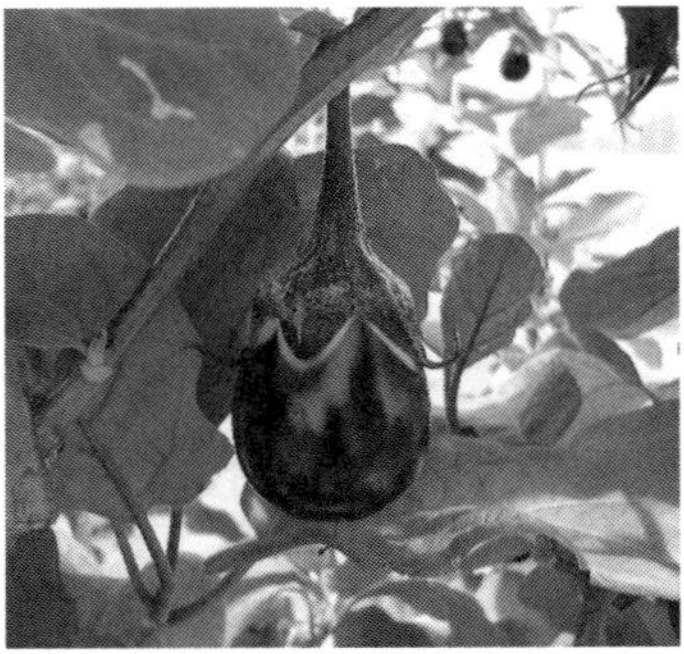

図1-5　泉州水なす

泉州地域では江戸時代初期から水なすが栽培されてきたが、皮が薄く輸送に向かず、また、漬物にすると皮の色が茶色くくすむため、長らく地元を中心に消費されてきた。しかし、関西国際空港の開港（一九九四年）をきっかけに大阪の特産品となり、その後、品種改良が進んで、水なすの浅漬が全国に知れわたるようになった。収穫時期は四月から一一月頃で、旬は夏である。水なすの浅漬は、家庭でもつくられるほか、農産物直売所や漬物店で販売されている。

なお大阪府がつくった「大阪産《もん》データベース」では、大阪府内で生産された農林水産物と、それらを使った加工品を検索することができる。

一汁三菜は当たり前の大阪の家庭料理

大阪らしい料理人といえば、ある年齢以上の大阪人は、〝一汁一菜〟の土井善晴《よしはる》の父・土井勝《まさる》（一九二一～一九九五）を思い浮かべるのではないだろうか。ソフトな語り口とわかりやすい指導で、テレビの料理番組で人気を博し、手軽につくることができる家庭料理にこだわり、「おふくろの味」を流行語にした人物だ。

香川県綾歌《あやうた》郡国分寺町生まれ。一四歳のとき、大阪で料理の勉強をはじめ、昭和二八年（一九五三）関西割烹《かっぽう》学院を創設（昭和四三年に土井勝料理学校に改称）。昭和二八年の試験放送以来テレビ放送に出演し、ＮＨＫの「きょうの料理」や、テレビ朝日の「土井勝の紀文おかずのクッキング」などでも活躍した。『土井勝の家庭料理』『基礎日本料理』『日本料理全書』など多くの著書があり、五〇年がかりの集大成『日本のおかず五〇〇選』はロングセラーになった。

土井のいう「おふくろの味」とは、見栄えが良く品数も多いプロの料理でなく、いろんな種類の具が入った味噌汁のように、品数が少なくとも十分ご飯が食べられ、栄養も満たされる「日本のおかず」の知恵を追求していくことだった。

また、具体的な献立ではなく、インスタントラーメンに調味料や冷蔵庫の残り物野菜をバター炒めして加えるような、少しでもおいしく食べさせたいと工夫する心を「おふくろの味」であるとした。また、一五年がかりで編みだしたといわれる「おせち料理における黒豆を簡単に煮上げる方法」も有名である。

妻の土井信子、長男の土井敏久《としひさ》、次男の土井善晴はいずれも料理研究家で、「おかずのクッキング」の司会を引き継いだ善晴は、『一汁一菜でよいという提案』のベストセラーで料理界の寵児《ちょうじ》となった。善晴の新鮮な提案も、父・勝以来の、だしの味を生かした大阪の味、おふくろの味の展開形にほかならない。

フランス料理の普及に尽力した辻静雄

土井勝・善晴の和食にたいし、昭和の日本人にフランス料理を啓蒙したのが、大阪阿倍野に調理師専門学校を開いた辻静雄（一九三三～一九九三）である。

東京本郷の和菓子店に生まれ、早稲田大学文学部の仏文科を卒業。大阪読売新聞の社会部記者となる。昭和三三年（一九五八）大阪阿倍野で日本割烹学校（現・辻学園調理・製菓専門学校）を営む辻徳光《とくみつ》の娘・勝子と知り合い結婚。新聞社を退社し、辻調理師学校（現・辻調理師専門学校）を開校した。フランス料理研究にも精通した辻は、ヨーロッパの一流料理人と親交をむすび、M・O・F（フランス最優秀料理人賞）も受賞。『フランス料理研究』『料理人の休日』など著作も数多い。

「一切これこれでもって一万二千円で売らなければいけない。しかし、そんなことはできない。だったら、たとえば横にそぎ切ろうか。でも新鮮だ。下にバター・ライスをたくさん載せろ。上から紙のように薄い、新鮮なこんな魚を載せて、おいしいソースをかけて食ったって、それはそこら辺のフランス料理よりずっとおいしいよ」

（辻静雄「贅沢の人間学」）

右の文章からは、辻静雄がフランス料理の本質をうわべだけの贅沢におかず、おいしさを生みだすための合理性においていたことがよくわかる。

辻によるフランス料理の普及、啓蒙は、調理師専門学校の設立・運営、著作活動の枠におさまらないものだった。土井勝が料理番組を通じて「おふくろの味」を普及させていったように、テレビも一役を買った。昭和五〇年から平成四年（一九九二）まで、TBS系列（大阪では毎日放送）ほかで放送されていた『料理天国』は、辻静雄が料理を監修、辻調理師専門学校が全面協力し、講師たちが番組に登場した。ちなみにこの番組は、サントリーの一社提供で、番組名もサントリーのPR誌『洋酒天国』が由来だというのもおもしろい。

3　摂津で生まれたウイスキー、ワイン、そしてビール

大阪から始まったサントリーウイスキー

大阪は洋酒やワイン、ビールの醸造がさかんで、歴史的に銘酒をつくりつづけていることも知ってもらいたいことである。まず有名酒造メーカーの大阪との関わり合いについて語っていくことにしよう。

図1-6　サントリー山崎蒸留所

ＪＲ京都線（東海道本線）の電車が島本駅を過ぎ、山崎《やまざき》駅にさしかかる手前左側に、大きな「山崎」の文字が目立つサントリー山崎蒸溜所が現われる。徒歩だとＪＲ山崎駅から一〇分、阪急京都線の大山崎駅から一二分。大正一二年（一九二三）に着工した日本初の蒸溜所で、日本初の本格ウイスキー「サントリーウイスキー」（通称「白札」）がつくられたところだ。

サントリーの創始者、鳥井信治郎（一八七九〜一九六二）は、ウイスキーに最適の水が得られること、熟成に合った気象条件であること、また、交通が便利であることなどから、この場所を選んだのである。

山崎は古来名水で知られ、万葉集に出てく

図1-7　水無瀬神宮の名水「離宮の水」

るほか、水無瀬神宮に湧きでる「離宮の水」は神饌《しんせん》に用いられる神聖な井戸水で、茶の湯としても利用されるようになり、茶聖・千利休（一五二二〜一五九一）も茶室「待庵《たいあん》」をこの近くにかまえたのだった。

英国でスコッチウイスキー製造を学び、地形や気候がスコットランドに似ていることから北海道が理想だとしていた竹鶴政孝《たけつるまさたか》と、北海道では輸送などのコストが嵩《かさ》むため消費地に近い場所で、かつ本社の大阪府に近いことが望ましいと考えていた鳥井で意見がわかれたが、最終的に大阪府と京都府の府境に位置する山崎の地が建設地として選ばれた。

操業開始から五年が経過した昭和四年（一九二九）には、日本初の本格国産ウイスキー「サントリーウイスキー」が発売されたが、一瓶四・五円という価格設定や、スモーキーフレーバー（煙のようないぶした香味）が敬遠されたことにより、商業的には失敗に終わった。昭和六年（一九三一）には資金が尽き、操業休止に追いこまれるが、翌七年には主力商品だった高級歯磨き粉「スモカ」の製造販売権を売却して資金を捻出し、生産を再開。試行錯誤の末、昭和一二年に発売した「角瓶」がヒット商品になった。

広告宣伝にも力を入れた鳥井信治郎

サントリーはまず寿屋《ことぶきや》としてスタートした。その創業者である鳥井信治郎は、両替商（のち米穀商）鳥井忠兵衛の次男として大阪に生まれた。

大阪商業学校に在籍した後、薬種問屋小西儀助《ぎすけ》商店に入店し、イミテーションウイスキー（ウイスキー風の模造酒）の調合技術を習得。その後、ブドウ酒の製造販売をはじめ、鳥井商店として独立した。明治三九年（一九〇六）に西川定義との共同経営で寿屋洋酒店と改名、のちに西川と分かれ、合名会社寿屋洋酒店とした。翌明治四〇年、日本人向きのブドウ酒「赤玉ポートワイン」を製造・発売、大正一〇年寿屋を設立し社長に就任。昭和四年に「白札」を発売するまでの経緯は前述したとおりである。

その鋭い感性から「大阪の鼻」の異名をとった鳥井は、販売、宣伝の分野でも才能を発揮し、広告に優れた意匠を創出するなど今日のサントリーおよび洋酒業界の発展に貢献し

たことでも知られる。作家の山口瞳《ひとみ》（一九二六〜一九九五）や開高健《かいこうたけし》（一九三〇〜一九八九）

が宣伝部に所属し、ＰＲ誌『洋酒天国』などを舞台に活躍したのは、鳥井の先見性があったからこそである。『やってみなはれ　みとくんなはれ』（文庫のための合本）は、山口と開高が寿屋の歴史と自身の在籍時代をふりかえった貴重な記録文学だ。

鳥井信治郎は宣伝の人でもあった。宣伝で才能を発揮した。というよりも宣伝の力をよく知っていて宣伝を大事にした人といったほうが適切だろう。

まず、赤玉ポートワインという命名がすばらしい。画期的である。

明治四十年八月十九日に新聞広告を出したことはすでに書いた。葡萄酒の発売に新聞広告を使ったということで嘲笑する同業者もいた。事実、信治郎は広告が好きでもあったのだろう。（中略）

それより以前、明治四十四年の初夏に、信治郎にひとつのアイディアが浮んだ。

夕闇《ゆうやみ》せまる頃、安堂寺橋通りの寿屋の店頭に、赤と黒で「赤玉ポートワイン」と書いた三十箇の行燈《あんどん》が吊され、灯がはいる。

やがて寿屋と染めぬいたハッピ姿の青年がひとつずつ背負って町の雑踏にくりだし

てゆく。
いまでいうサンドイッチマンであろうが、それよりももっと粋で華やかで気がきいている。

（山口瞳「青雲の志について――小説・鳥井信治郎」）

彼（鳥井信治郎：筆者注）はよく宣伝部の部屋へ入ってきて、デザインや文案で頭をヒネっている課員たちに、広告紙面の周囲の罫《けい》をはずしてみたらスペースが広《ひろ》なるのと違《ちゃ》うかとか、紙型は製版のときに乾燥して縮むよってにちょっと大きめに作ったほうがええのやとか、四角い新聞には丸いデザインがひきたって見えるのやデとか、おそろしくこまかい、専門的なことをいって、またフラリと部屋をでていった。若いときも、壮年のときも、彼は広告と宣伝には心血をそそぎ、ひところは紙型工場まで持っていったくらいだから、彼の忠告はいささか淫《いん》しすぎるといっていいくらいこまかいのだった。

（開高健「やってみなはれ――サントリーの七十年・戦後篇」）

鳥井信治郎は北摂によい水を見つけ、物流の拠点としただけではない。人材を掘りおこし、先進的な広告宣伝により、国産のウイスキーとワインを庶民に広めた。こうした革新性とネットワークは、まさに大阪的だといっていいだろう。

アサヒビールの源流・吹田工場

サントリーと並ぶ大阪のアルコール飲料メーカーとして、アサヒビールを創業した鳥井駒吉《こまきち》（一八五三～一九〇九）のことも忘れてはならない（駒吉は寿屋の鳥井信治郎と同姓だが血縁・姻戚関係はない）。

鳥井駒吉は、和泉国堺宿院町（現・堺市堺区）に和泉屋伊助《いすけ》の次男として生まれた。生家は堺で代々米穀商を営み、伊助の代に分家して酒造業をはじめた。父から酒造業を相続した駒吉は、明治一二年に堺の酒組合の初代総代となり、醸造所の経営もつとめた。明治一七年には、藤田伝三郎、松本重太郎、外山脩造《とやましゅうぞう》らと阪堺鉄道（南海電気鉄道の源流企業）を創業し、その後二代目社長になる。

明治二〇年（一八八七）に、松本重太郎、外山脩造、宅徳平《たくとくへい》、石崎喜兵衛《きへい》らとともに大阪麦酒会社を創業した。社長就任中の明治二四年には、大阪府島下郡吹田村（現・吹田市）に

図1-8　吹田村醸造所を描いた広告物

吹田村醸造所（アサヒビール吹田工場）を建設し、同二五年五月に「アサヒビール」を発売。明治三三年には日本初の熱処理を施さない瓶詰生ビール「アサヒ生ビール」を発売した。

　ところで、近年流行がつづく地ビール（クラフトビール）の醸造所が箕面《みのお》市にある。箕面ブリュワリーでつくられている箕面ビールは、高品質の麦とホップを原料にし、「おさるＩＰＡ」の瓶には箕面のシンボル、サルのイラストがラベリングされている。北摂では、アルコール飲料の歴史がつづいているのだ。

ワインの里、南河内

大阪府の東部、奈良県との境に近い近鉄南大阪線の駒ヶ谷駅から上ノ太子駅あたりは、丘陵地のブドウ畑がのどかな景観をつくっている。日本ワインといえば甲州ワインのイメージが強いが、大阪にもワイン醸造の歴史があり、現在も良質なワインの生産地なのである。

大阪でのブドウ栽培は、安土桃山時代に栽培したブドウからブドウ酒らしき酒がつくられていたという記録が残り、江戸時代にも農家の軒先でブドウが栽培されブドウ酒が名産だったという。明治一一年（一八七八）頃、堅下村《かたしも》（現・柏原市）に甲州ブドウの苗が移植されたのをきっかけに、甲州ブドウの栽培がさかんになった。

本格的なワイン醸造は大正時代にはじまり、昭和一〇年（一九三五）の最盛期にはブドウ畑の面積は八〇〇ヘクタールを超えて、ワイナリー数も一一九軒をかぞえた。昭和三年からの一〇年間では、大阪府は山梨県、岡山県にも勝る日本一の栽培面積を擁するブドウ産地だったという。しかし戦後は、ブドウ畑の台風被害や急速な宅地化、ほかのブドウ産地の台頭などにより、ブドウ栽培面積とワイナリー数は急激に減少した。その後、日本ワインのブームに乗って、平成二五年（二〇一三）に大阪市の島之内《しまのうち》に酒販店が醸造所を設立し、南河内の耕作放棄地を引き継いでワイン造りをはじめたのをきっかけに、南河内でのワイン醸造が広まっていったそうである。

現在、「河内ワイン」と呼ばれる銘柄のワインは、南河内の三社が製造している。羽曳野《はびきの》市の河内ワインが「河内ワイン」「河内葡萄酒」など、同じく羽曳野市の飛鳥ワインが「河内産ワイン」など、柏原市のカタシモワイナリーが「河内ワイン　レギュラー」「カタシモ河内ワイン」などである。

「梅酒」もワイン造りからはじまった

テレビコマーシャルで全国的に知られる「チョーヤの梅酒」のチョーヤ梅酒は、羽曳野市に本社を置き、もともとは駒ヶ谷でワインを造っていた。

大正三年（一九一四）、大阪府南河内郡駒ヶ谷村大字駒ヶ谷（現・羽曳野市駒ヶ谷）でブドウの栽培をはじめ、大正一三年に創業者の金銅住太郎《こんどうすみたろう》が生葡萄酒の醸造・販売を開始した。その後ブランデー製造などを経て、昭和三四年（一九五九）からリキュール酒（梅酒）の製造・販売をはじめた。

もとの社名だった「蝶矢」は、本社を置く羽曳野市駒ヶ谷地区から南東にそびえる二上山・葛城山《かつらぎさん》・金剛山《こんごうさん》にギフチョウなど数多くの蝶が生息していたこと、また、石器時代には二上山で採れる讃岐石《さぬき》（サヌカイト）が鏃《やじり》などに利用されていた考古学的背景からだというのもおもしろい。

酢醸造の伝統と万博

堺では「和泉酢」という黒酢の製造方法が伝承されてきたが、その伝統を継承するのがタマノイ酢である。

この醸造メーカーは万国博覧会と縁が深い。明治二六年（一八九三）、シカゴ万国博覧会で「玉廼井《たまのい》」が名誉金牌賞を受賞、同四〇年に大阪府下の五つの蔵が集まり、大阪造酢合名会社が創業した。昭和三三年（一九五八）、ブリュッセル万国博覧会に日本の酢代表として「名誉金牌玉廼井酢」が出品され、昭和四五年に開催された日本万国博覧会では食酢業界で唯一、生活産業館に出展した。タマノイ酢は、粉末酢「すしのこ」（昭和三八年〔一九六三〕発売）や、黒酢を飲料にした「はちみつ黒酢ダイエット」など食酢以外の商品もよく知られている。

大阪における醸造と販売の歴史は、庶民の目線を重んじ、品質はもちろん、アイデアと大衆性を重んじることが多いといえそうだ。革新的なブランドイメージを打ちだし、それをさらに時代に合わせていくこと。地域に根ざしつつ、つねに開拓精神を失わないのが「大阪の醸造」なのである。

4　歴史ある銘酒の里

なにわの下り酒

江戸時代の大坂は、銘酒の里として知られる灘《なだ》、池田、伊丹《いたみ》を擁し、天下一の酒処だった。近郷の良質な米、周辺の山脈からもたらされる清らかな水で醸された大阪の日本酒は、現代まで受けつがれている。

歴史をひもとくと、奈良の酒が長く銘酒とされていたが、江戸時代に入ると、摂泉《せっせん》十二郷が銘醸地として名をはせるようになった。摂泉十二郷とは大坂・伝法・北在《きたざい》・池田・伊丹・尼崎・西宮《にしのみや》・今津・兵庫・上灘・下灘に、和泉国の堺を加えた地域である。

江戸で消費される清酒の大半は集散地大坂や堺など上方の商人により、これらの銘醸地から運ばれてくる「下り酒《くだざけ》」と呼ばれるものになった。

下り酒は、元和五年（一六一九）より菱垣廻船による大量輸送がはじまり、享保一五年（一七三〇）からは船脚の速い酒荷専用船の樽廻船によって酒荷だけで運ばれるようになった。その量は、年間一〇〇万樽（一樽＝約四斗）にも及んだといい、江戸の後期になって江戸近郊で醸造業が発展するまでつづいた。

いまも生きる河内と北摂の酒

大阪府河内長野市の西條《さいじょう》合資会社は、享保三年（一七一八年）に創業した歴史ある酒蔵で、南海・近鉄河内長野駅からほど近い高野街道沿いにある。酒蔵の建物のうち旧店舗主屋は登録有形文化財に指定されている。豊臣秀吉が愛飲し、「天野比類無シ」「美酒言語ニ絶ス」などと讃えられた「天野酒《あまのざけ》」という酒があった。天野の古刹《こさつ》・金剛寺でつくられ、明暦年間（一六五五〜一六五八）に製造を中止されていたが昭和四六年（一九七一）に復活。平成六年（一九九四）には、室町時代の文献をもとに、酒造りの手法全てを古式にのっとった「僧坊酒」も復刻した。

図1-9　西條合資会社旧店舗主屋

　大阪はほかにも、「呉春《ごしゅん》」（池田市）、「秋鹿」（能勢町）、「國乃長《くにのちょう》」（高槻市富田）、「片野桜《かたのさくら》」（交野市）などの銘酒ができる酒処であることは、もっと知られてもいいだろう。

　ここまでみてきたように大阪の味覚は奥が深い。しかし大阪産の食材は、全国的にブランド化されておらず、認知されていないので、ほかの地域ではあまり知られていないのだ。くりかえしになるが、大阪人は粉ものばかりを口にしているのではない。ネットワークを生かした薄口の味つけで、地産地消を実践できるのが、大阪の強みなのである。

　「江戸前」や「京野菜」のように大阪産はブランド化されていない。しかし、大阪の食は大阪産でかなりの部分をまかなってきた。そのうえに全国に張りめぐらされたネットワークによって入ってきた食材がブレンドされ、ハイブリッドされて、大阪の食は育まれているのである。

第2章　デザイン――建築・美術・景観

1　大阪を彩った多彩な建築群

卓越した美意識

大阪が卓越した「デザイン」を誇る地域であることは特筆すべきだろう。

ここでは美術や建築、町並みを「デザイン」ととらえて、大阪の優れた造形美を紹介していきたい。大阪の豊かなデザイン性は古代から連綿とつづくものである。とだえることなく〝グッドデザイン〟がそろっているのは、文化がずっと栄えてきた証でもある。

大阪で高い美意識が持続してきたのは、都がおかれた奈良・京都と隣接していたことが要因のひとつだろう。実際、デザインを体験することを目的に、大阪を訪ねる人は決して少なくない。そこでこの章では、大阪のすぐれたデザインを紹介し、その魅力を知ってもらうことにしたい。

戦後建築の巨匠・村野藤吾の大阪

大阪メトロ地下鉄御堂筋《みどうすじ》線昭和町《しょうわちょう》駅から徒歩五分ほどの庚申《こうしん》街道沿いに、円形と直線を組み合わせたデザインが美しい塔が立っている。

日本基督《キリスト》教団南大阪教会塔屋は、昭和を代表する建築家・村野藤吾《むらのとうご》（一八九一～一九八四）のデビュー作で、昭和三年（一九二八）に竣工した。会堂（礼拝堂）も同時に建てられたが、会堂は傷みが激しくなったことなどから取り壊され、村野の晩年（一九八一年）に新会堂を建築、その際に塔も修復された。筆者自身にとっても、当時の住まいの近くにあったことから、近現代建築に興味をもつきっかけになった建物でもある。

図2-1　日本基督教団南大阪教会塔屋

大阪に拠点を構えた村野は、国家イベントにまつわる記念碑的建築を数多く手がけた丹下健三《たんげけんぞう》（一九一三～二〇〇五）と比較され、〝東の丹下、西の村野〟と呼ばれたように、関西を象徴する建築家といえよう。

村野藤吾は佐賀県唐津生まれ、早稲田

大学建築学科卒業後、大阪の渡辺節《せつ》建築事務所に入り、主任建築士として多くの設計を手がける。昭和四年、大阪に村野建築事務所を開設。欧米への遊学から帰国後、森五商店東京支店（一九三一年）などの設計で注目された。古典に近代感覚を自由に盛り込んだ作風と、熟達した実務派として高い評価を得た。

おもな作品に戦前の大阪・そごう百貨店、山口・宇部《うべ》市民会館、戦後は三重・志摩観光ホテル、名古屋・丸栄《まるえい》百貨店、広島・世界平和記念聖堂、東京・そごう読売会館、大阪・新歌舞伎座、東京・日本生命日比谷ビル、京都・都ホテルの佳水園《かすいえん》、東京・千代田生命本社、長野・八ヶ岳《やつがたけ》美術館などがあり、九一歳の昭和五七年には東京の新高輪《しんたかなわ》プリンスホテルを完成させた。

昭和の大阪のシンボル

村野藤吾が設計した建築は枚挙にいとまがない。事務所を構えていた大阪でも、もちろん多くの作品を残した。村野が大阪に建てた建築を、現存しないものも含めて列挙すると、彼の業績が実感できるだろう（＊は現存しない）。

百貨店ではそごう百貨店大阪本店＊、近鉄大阪阿部野橋駅ターミナルビル＊。劇場・ホテル

図2-2　御堂筋に建っていた頃の大阪新歌舞伎座

では大阪新歌舞伎座*、都ホテル大阪（現・シェラトン都ホテル大阪）。飲食店ではドウトン、心斎橋プランタン*、戎橋《えびすばし》プランタン*。集合ビルでは、フジカワ画廊（現・フジカワビル）、輸出繊維会館、千里南地区センタービル・千里市民センター*、近畿日本鉄道新本社ビル。銀行では泉州銀行本店（現・池田泉州銀行泉州営業部）。事務所では浪花組本社ビル、村野・森建築事務所（現・友安製作所Cafe & Bar阿倍野）。大学では、関西大学の簡文館・円神館、そのほかに梅田吸気塔がある。

　用途が多彩で人びとの目にふれ、内部空間も凝ったものが多いのが村野の建築の大きな特徴であり、デザイン性はもちろん大衆性を重んじた建築家だった。

現在も大阪に残る村野建築では、渡辺節建築事務所時代の旧ダイビルや綿業会館などは壮麗な近代建築の名作だ。装飾的な輸出繊維会館、特徴的な概観のドウトン、フジカワビルなどの、小規模だが珠玉を思わせるビルも見逃せない。

いっぽうで、大阪ミナミのランドマークとして、御堂筋を象徴する建築だったそごう百貨店と新歌舞伎座が現存しないのは、なんとも惜しい。

2　古仏・美仏の宝庫

街なかの秘仏は千本の手をもつ

大阪府下にはすばらしい国宝仏がある。そのどれもが、仏教美術に関心のある人ならだれもが憧れ、拝観に訪れる名品ばかりだが、それ以外の人にはそれほど知られていないのではないか。

近鉄南大阪線を藤井寺駅で降りる。藤井寺市は古市古墳群が属する地域で、古代から繁

図2-3　葛井寺の千手観音坐像

栄してきたが、現在は大阪市の中心部へのアクセスが便利な住宅地である。駅の南側にも商店街があり、そこを少し行くと葛井寺《ふじいでら》はすぐそこだ。

　葛井寺は古代氏族葛井氏の氏寺として、七世紀前半に建立された古刹で、西国三十三箇所観音霊場の第五番札所としても信仰を集めている。この寺の秘仏本尊で、毎月一八日に開扉《かいひ》されるのが天平彫刻の優品、千手観音坐像である。神亀二年（七二五）、聖武天皇の勅願によって制作され、行基《ぎょうき》によって開眼せられたと伝えられる。

　錫杖《しゃくじょう》や宝輪《ほうりん》、数珠《じゅず》などをもつ「大手」、光背《こうはい》のよう、あるいは孔雀のようと形容される一〇〇一本の「小手」、そして正面の合掌手を合わせ「一〇四一本」の手を持ち、掌には眼が描かれている。物思いに沈むような静かで厳しいまなざし、のびやかな肢体、自然な調和で千手を現した像容。写実的で、表現に誇張がなく、造形感覚の高さが際立っている。日本の彫刻では千手観音は四十二手で表されることが多く、実際に千手を彫り表した像は、古例では唐招提寺《とうしょうだいじ》（奈良県）、寿宝寺《じゅほうじ》（京都府）などしかなく、たいへん珍しい。

天平時代に流行し、それ以降はほとんど見られなくなった脱活乾漆像《だっかつかんしつ》の代表作でもある。粘土で造った像の原形に麻布を張り、漆《うるし》で固め、漆と木屑を混ぜたもので細かく造形し、粘土を抜き取る技法で、有名な興福寺《こうふくじ》の阿修羅《あしゅら》像も同じ技法で造られている。また、台座の蓮華の一部とその下の敷茄子《しきなす》も当初のもので、その四方の優美な忍冬唐草文《にんどうからくさもん》の浮彫り模様は天平美術意匠の真髄と讃《たた》えられる。

平安彫刻の白眉というべき二体の傑作

葛井寺の千手観音と比肩する大阪の美仏は、観心寺《かんしんじ》の如意輪《にょいりん》観音坐像だろう。

毎年四月一七日、一八日になると、近鉄長野線・南海高野線の河内長野駅からバスで十数分の古刹、檜尾山《ひのおさん》観心寺に多くの参拝者が集う。国宝の如意輪観音は、この二日間にか

図2-4　観心寺の如意輪観音坐像

ぎり拝観できる秘仏だからである。

この像を見たとき、だれもが驚かされるのは、鮮やかで美しい色彩だろう。いまから一二〇〇年前につくられたと思われるのにもかかわらず、秘仏として大切にまもられてきたため、彫刻された当初の彩色がよく残っている。カヤの木の一木造りで、像高一〇九・四センチ。官能的といっても過言ではないくらい妖艶《ようえん》な印象を見る人に与える美仏で、承和年間（八三四〜八四八）の制作と推定されている。

観心寺は役小角《えんのおづぬ》によって開かれ、大同三年（八〇八）に空海がこの寺を訪ねたとき、境内に北斗七星を迎えまつり、本尊の如意輪観音を刻んだと伝わる。本尊を祀る中心伽藍の金堂は、大阪府下では寺院の本堂としては最古の国宝建造物である。

*

大阪府の北東部、北河内にも端正な国宝仏がある。

京阪交野線私市《きさいち》駅、同河内森駅、JR片町線河内磐船駅よりそれぞれ徒歩約四〇分のところに位置する獅子窟寺の本尊薬師如来坐像は、行基が一刀三礼のもと三年と三か月を費やして刻んだ像だと伝えられている。カヤの木の一本造りで像高九二センチ、衣文の鋭い翻波様式から平安時代初期の仏教彫刻の代表作とされている。

切れ長の目尻、微笑を湛えるような口元など理知的な表情に、薬壺をもつ右手を胸前まで上げた独特の手の構えなど、厳しさと優美さを兼ねそなえた如来像である。ふだんは非公開だが、正月三が日と事前予約により拝観することができる。

檀像の優品と立体曼荼羅

道明寺《どうみょうじ》は道明寺餅（関西風桜餅）など、和菓子の材料として知られる「道明寺糒《ほしい》（粉）」発祥の地として知られている。近鉄南大阪線の藤井寺駅から普通電車で二駅、道明寺駅からすぐ西へ延びる商店街をしばらくいくと、道明寺天満宮と道明寺の神域、境内にたどりつく。いずれも学問の神様・菅原道真ゆかりの社寺だ。

菅原道真自刻を伝える本尊の十一面観音菩薩立像は、像高約一メートルでヒノキの一本造り。毎月一八日と二五日に拝観することができる秘仏。顔はふくよかで威厳があり、両眼には黒い石をはめこむ。彩色や漆箔《しっぱく》にせず、頭髪、眼、唇等にわずかに絵具を挿し、後は木肌のまま仕上げた檀像《だんぞう》彫刻。檀像とは、白檀のような香木を用いた彫像だが、日本では檜材などを用いて代用する場合が多く、この像もそうした作例のひとつ。制作年代は菅原道真生存年代のほか諸説がある。

＊

以上の国宝仏四体に加えて、平成二九年（二〇一七）、河内長野市にある仏像が新たに国宝に指定された。金剛寺の大日如来、不動明王《ふどうみょうおう》、降三世明王《こうざんぜみょうおう》である。

河内長野市街の西方、天野川の西に伽藍を構える金剛寺は真言宗御室派の大本山寺院。金堂（重要文化財）の堂内には、中央に大日如来坐像（平安時代後期）、向かって右に不動明王坐像（鎌倉時代）、左に降三世明王坐像（鎌倉時代）を安置。密教の曼荼羅《まんだら》のひとつである尊勝《そんしょう》曼荼羅を立体的に現わしたもので、この三尊形式は金剛寺にしか現存しない。

金剛寺は国宝絵画「日月四季山水図《じつげつしきさんすいず》」を所蔵していることでも知られる。美しい色彩で四季を描いた六曲一双の屏風で、密教における「灌頂《かんじょう》」（位の高い僧から戒律や資格を授かる儀式）に使用された仏具のひとつだったと伝えられている。室町時代末期一六世紀中頃に描かれたといわれているが、桃山時代の作とする説もある。

貝塚の古刹、孝恩寺の平安仏群

『忘れられた日本人』で知られる民俗学者の宮本常一《つねいち》（一九〇七〜一九八一）は天王寺師範学校を卒業した後、泉南郡や泉北郡の尋常小学校や尋常高等学校で教鞭をとった。その頃、仏像鑑賞を趣味にし、住まいや職場から近かった、貝塚市木積《こつみ》の孝恩寺《こうおんじ》をなんども訪れて仏像に見入ったという。

南海本線貝塚駅を起点とする水間《みずま》鉄道の水間観音駅から歩いて約二〇分の高台にある孝恩寺は、観音堂（本堂）が、釘を一本も使わずに建てられたという伝承から、「釘無堂《くぎなしどう》」という名称で親しまれている。鎌倉時代後期の再建で国宝に指定されている。

宮本常一が、奈良や京都で仏像を見る際の基準にしたという仏像群は、現在、境内の文化財収蔵庫に安置されている。仏像一九体と板絵一面は重要文化財に指定され、そのほとんどは平安時代の木造彩色仏である。なかでも難陀《なんだ》竜王立像、跋難陀《ばなんだ》竜王立像の二体は、作例の少ない珍しい尊称で伝えられ、土着的な信仰をうかがわせる。二体の如来像、薬師如来立像と弥勒《みろく》菩薩坐像も強い霊性がただよう。ほかにも文殊《もんじゅ》菩薩立像、普賢《ふげん》菩薩立像、帝釈《たいしゃく》天立像など、まさに平安時代仏教彫刻の宝庫なのである。重要文化財の仏像群は、文化財収蔵庫で、春と秋の彼岸の時期に一四日間ほど特別拝観ができる。

ここまでに挙げたほかにも、大阪には紹介したい古仏、美仏がまだまだ多い。それにしても、なぜ大阪に古仏・美仏が多いのだろう。その理由は、都がおかれて政治的、経済的、そしてなにより文化的に栄華を誇った、奈良と京都に隣接していることがある。また、古代から奈良と京都への入口で、渡来人の集住も早くからみられた。彼らは技術と信仰をもってこの列島にわたってきて、肥沃な河内をとくに好んだのである。

大阪は、仏像を安置する寺院のロケーションも含めて、古寺巡礼の魅力にあふれる地域なのである。

3　大坂とその衛星都市

「寺内町」は大坂からはじまった

大阪市の周辺には、デザインされた景観美を誇る古い町並みがいくつも残る。都市計画にもとづいたこうした町の多くは、ひとつの仏教宗派によって生み出されたものである。

その宗派とは親鸞《しんらん》（一一七三～一二六三）が開いた浄土真宗（一向宗）であり、大坂とその衛星都市は、真宗の中興の祖、蓮如《れんにょ》（一四一五～一四九九）によって築かれたものだった。

鎌倉時代初期の僧・親鸞を宗祖とする浄土真宗は、阿弥陀仏の救いを信じ、念仏を唱えることで極楽浄土に往生できる「他力本願」を説き、庶民に受けいれられた。蓮如は親鸞の教えを徹底し、信者（門徒）を増やした。

明応五年（一四九六）、蓮如は交通の要衝でありながら、「虎狼《ころう》のすみか也《なり》」（蓮如の子・実悟《じつご》『拾塵記《しゅうじんき》』）といわれた上町台地の北端に大坂坊舎を建立した。「摂州東成郡生玉乃庄内《せっしゅうひがしなりぐんいくたまのしょうない》大坂《おおさか》」という場所で、これが「大坂」という地名の初出だといわれている。

天文元年（一五三二）、法華《ほっけ》宗徒らによって山科《やましな》本願寺が破却されると、蓮如の曽孫にあたる証如《しょうにょ》は大坂坊舎に本願寺を移転して、翌年に石山本願寺（大坂本願寺）を創建した。石山本願寺の寺域は現在の大阪城の敷地全域をほぼカバーし、戸数数千を数える寺内町が形成された。

石山本願寺は、元亀元年（一五七〇）から一〇年におよぶ織田信長との争いに敗れ、寺内町も徹底的に破壊され、現在その姿を見ることができない。その後、豊臣秀吉によって大坂城が建てられ、城下町が構えられて、大坂の繁栄の礎を築いたとされるが、その原型は石山本願寺にあったことはまちがいない。

時間が止まったような富田林寺内町

石山本願寺とその寺内町は、蓮如の強力なイニシアティブでデザインされた、一貫性のある計画都市であった。

つまり、石山本願寺の寺内町は、寺内町として相当の実績と歴史を積んできて完成されたものであり、寺内町の成熟期に当たるものだったといっていい。

それは素晴らしい寺内町であり、人の数も店の数も多く、活況を呈していたことだろう。経済活動、流通活動、生産活動も活発に行われていただろう。

すると、それを模倣するようにして、周辺のたくさんの寺々がそれぞれ寺内町を成立させていく。あるいは、いまでいうフランチャイズのように、本家である石山寺内町が積極的にバックアップして、ノウハウを教えたり資金的な援助をする。

（五木寛之『隠された日本 大阪・京都 宗教都市と前衛都市』）

作家の五木寛之《いつきひろゆき》（一九三二〜）が作家的なレトリックで魅力的に表現したように、石山本願寺が壊されても、その面影をしっかりと残した町並みが大阪にはいくつもある。

石山本願寺は、その寺内町のみが支えていたわけではなく、摂津国、河内国、和泉国の寺内町も石山本願寺を支え、支えられていたのだ。このような寺内町ネットワークは「大坂並《ならび》」体制と呼ばれる。

「大坂並」の寺内町には、富田林（富田林市）、大伴《おおとも》（富田林市）、大ケ塚（河南町）、久宝寺（八尾市）、貝塚（貝塚市）、富田（高槻市）、枚方《ひらかた》（枚方市）、招提《しょうだい》（枚方市）、塚口（兵庫県尼崎市）、名塩《なじお》（兵庫県西宮市）、小浜《こはま》（兵庫県宝塚市）などがある。戦国時代には平野（大阪平野）に寺内町ネットワークが張り巡らされ、政治、軍事、経済、宗教が一体となった社会体制が築かれていたのである。

そのひとつが大阪府南東部の南河内地方に位置する富田林寺内町である。

いまから約四五〇年前、戦国時代の最中に興正寺《こうしょうじ》別院を中心に寺内町として開発され、発展した。一七世紀後半に入ると中世・寺内町としての性格は失いつつも、南河内地方における、米、酒造、木綿、菜種油、木材などの商品作物の交易・流通の中心地、近世・在郷町として大きく栄えた。

図2-5　富田林寺内町の旧杉山家住宅

富田林市中心部の旧市街地には江戸時代中期以降に建てられた民家（商家、町家）が約四〇軒、往時の姿そのままに保存・継承され、現在も戦国時代の東西南北の碁盤目状の町割（都市計画）を留めている。大店の商家の建築年代は江戸時代中期から昭和初期にわたり、建築様式や外観も少しずつ異なっているのも見逃せない。

戦災から免れ、開発の波も受けなかったので、寺内町地区一帯は昔ながらの外観を残している。国の重要文化財に指定された旧杉山家住宅や興正寺別院、大阪府有形文化財に指定された仲村家住宅をはじめ価値が高い文化遺産である。

町域に入ったとたん時間が止まったよう

な景観に驚くことだろう。古い家構えを残しつつ、内部を現代風にリノベーションしたレストラン、カフェ、ブティックなどもあり、そぞろ歩きが楽しい。同じ真宗寺内町でも、観光地として知名度が高い奈良県橿原《かしはら》市の今井町などと比べると、まだそれほど知られていないため、静けさを保っているところも魅力的である。

地域住民その他による町並み保存運動により、富田林市富田林町の一部にあたる寺内町は、平成九年（一九九七）に国から重要伝統的建造物群保存地区に選定された。大阪府下では唯一の選定となっている。

南北御堂と御堂筋

大阪市内、かつての大坂に話題を戻そう。

大坂の中心に本願寺ができることで、大阪のメインストリートである御堂筋を通し、沿道の景観をつくることになった。

本願寺第一一世の顕如《けんにょ》（一五四三〜一五九二）は天正一三年（一五八五）、本願寺を貝塚から天満《てんま》へ移転。広大な土地を与えられ寺内町が発達した。天満本願寺を京都の堀川六条に移した後（現在の西本願寺）、大坂の門徒は、天満の対岸の「楼の岸《ろうのきし》」に坊舎を建立。その後、津村郷と呼ばれていた地に移転し、慶長一〇年（一六〇五）に本堂が建立されたのが現在の本願寺津村別院、北御堂である。

文禄四年（一五九五）に顕如の長男で本願寺第一二世教如《きょうにょ》（一五五八〜一六一四）が天満橋あたりに大谷本願寺を開基し、その後、北御堂の近くに「難波御堂」として移転したのが真宗大谷派難波別院、南御堂になる。

こうして南北御堂が建ち並び、二つの御堂に面した通りは、江戸時代から「御堂筋」と呼ばれるようになり、仏具屋や数珠屋、人形屋、表具屋などが軒をつらねた。なお北御堂は昭和二〇年（一九四五）の大阪大空襲で全焼し、昭和三九年に再建。教如が開創した南御堂も同様に、昭和二〇年の空襲で焼亡し、昭和三六年に再建された。

大阪の街は美しいのか

近世以来、御堂筋は長堀川への架橋はなく島之内へ出ることができず、堺筋・心斎橋筋などと比べて見劣りのする、人通りの少ない道だった。

しかし、明治二二年（一八八九）に蒸気機関車で大阪と東京（現・新橋駅）まで結ばれるようになり、大阪駅は大阪の玄関口として重要視されるようになっていった。第七代大阪

図2-6　大阪瓦斯ビルディング（大阪ガス本社）

図2-7　南海ビルディング（高島屋百貨店）

図2-8　大阪倶楽部。大阪財界人のクラブとして100年以上利用されている

図2-9　芝川ビル。欧米品の輸入業者の家に生まれた芝川又四郎によって建てられた

市長に就任した社会政策学者の關一《せきはじめ》が、大正一五年（一九二六）から地下鉄御堂筋線建設と合わせて二四間幅へ拡幅する工事をおこない、昭和一二年（一九三七）五月一一日に現在のメインストリートとしての御堂筋が竣工した。

大阪市初の市営地下鉄御堂筋線も開通、大江橋と淀屋橋は現在の橋に架け替えられ、新橋と道頓堀橋が初めて架橋され、一直線の目抜き通りとなった。

秋のイチョウの黄葉、冬のイルミネーションが人びとを惹きつける景観で、大阪瓦斯《がす》ビルディング、南海ビルディングなど近代建築の名作が並ぶ。また、御堂筋を一歩入ると、大阪倶楽部や芝川ビルなど、美しい建築を楽しむことができる。

＊

大阪出身のＳＦ作家・小松左京《さきょう》（一九三一～二〇一一）は『わたしの大阪』に収録した「大阪」という文章（一九六五年）で、大阪の戦後復興におけるデザイン性の軽視に苦言を呈している。

大阪の人間は、あまり外見にこだわらない、というのは、とんでもないうそっぱちだ。大阪の人間ほど、かつて自分たちの都市を愛し、自分たちの手で、都市を住みよくしようとした人々はいない。こんなやっつけ仕事は、大阪人のやり方ではない。もし、それをみんながなんとも思っていないのなら、もはや人々は、自分たちの都市を愛していず、市民ではなくて、巨大なスラムの中の、流民と化しているのだ。――こころみに、駅頭の表情と、先人たちのデザインした、御堂筋や中之島にのこる、都市美の残影をくらべてみるがいい。そこに人は、戦後の大阪の凋落を、はっきり見るだろう。

（小松左京「大阪」）

いまからちょうど六〇年前に書かれたものだが、その後の未来に、小松の苦言は解消されただろうか。

4 四つの「塔」

梅田の奇妙なランドマーク

建築に関心がある人以外には、見過ごされがちだが、キタの重要な景観美になっているのが、この章の冒頭で紹介した村野藤吾の梅田吸気塔だ。

御堂筋の北端にあるステンレス板で囲まれたオブジェ様の構造体は、その未来的な外観が、地下街から地上に出て、目の前に現われるたび新鮮な驚きをおぼえさせる。

この吸気塔は、手塚治虫《おさむ》（一九二八〜一九八九）の名作『ブラック・ジャック』の一編「アリの足」のラストシーンに登場する。小児麻痺を患った光男少年が、広島から大阪までを徒歩で旅行し、たどり着いたのがこの吸気塔の前なのだった。塔の背景に阪急ビルディング、阪急航空ビル、富国生命ビルが細かく描かれているところに、この場所にたいする手塚治虫の思い入れのほどが想像される。

豊中で生まれ、池田、梅田、中之島《なかのしま》に通った手塚にとって、大阪のキタは記憶に刻まれたい場所だったのだろう。村野建築と手塚漫画の奇遇は貴重なレガシー

図2-10　梅田吸気塔

だといっていい。

大阪万博を記憶する「太陽の塔」

村野の吸気塔につづけて、大阪で見落とせない、デザイン的な三つの「塔」を紹介しよう。

大阪には数多くのすばらしい近代建築、現代建築があり、近年は建築散策ツアーが催され、再評価が進んでいる。また大阪は、建築史上で重要な建築家を輩出してもいる。「世界のタンゲ」と呼ばれ、第二次世界大戦復興後から高度成長期にかけて、多くの国家的プロジェクトを手掛けた丹下健三も、大阪府堺市生まれ。幼少時は上海、その後愛媛県今治《いまばり》で過ごした。日本人建築家として最も早く国外でも活躍し、認知された。建築界のトップリーダーだった。丹下がデザインした建物は広島平和会館原爆記念陳列館（現・広島平和記念資料館本館）、国立代々木競技場第一・第二体育館など数多いが、大阪にゆかりがあるのは大阪万博のお祭り広場だろう。この構造物は現存しないが、そこを貫いていた岡本太郎の「太陽の塔」だけが残っている。

「太陽の塔」は昭和四五年（一九七〇）に開催された日本万国博覧会（EXPO'70）のテー

図2-11　太陽の塔

マ館のシンボルとして建設された。設計はもちろん岡本太郎。博覧会終了後も万博記念公園（吹田市）内に保存され、同公園の象徴として、また、岡本太郎の代表作のひとつとしても親しまれている。大阪万博のシンボルゾーンにテーマ館の一部として、母の塔、青春の塔、大屋根とともにつくられた。

この塔は鉄骨鉄筋コンクリート製で高さは約七〇メートル、基底部の直径は約二〇メートルで、胴中央部には左右それぞれに約二五メートルの腕がのびる。過去・現在・未来を貫いて生成する万物のエネルギーの象徴として、また、同時に、生命の中心、祭りの中心を示すものとして位置づけられた。

外から見える三つの顔に加えて、テーマ館

の地下展示にもうひとつの顔「地底の太陽」があった。しかし「地底の太陽」は博覧会終了後の撤去作業に伴い行方がわからなくなった。太陽の塔の内部は空洞で「生命の樹」と呼ばれるモニュメントが設置されて、生命の進化の過程を示す展示空間としても機能した。

博覧会終了後の内部は長く非公開だったが、平成一五年（二〇〇三）に一部を限定公開する催しがおこなわれた。その後、耐震補強工事が検討され、平成二八年から内部の修復も合わせて再生事業が進められた。経年劣化が進んでいた「生命の樹」のほかに、行方不明の「地底の太陽」も修復・復元され、平成一八年（二〇〇六）三月から一般公開されている。

南河内の異様な威容を誇るＰＬの塔

富田林寺内町から、それほど離れていない平野の真ん中に、見るからに奇妙な建造物が立っている。通称「ＰＬの塔」の正式名称は「超宗派万国戦争犠牲者慰霊大平和祈念塔」で、高さ一八〇メートルで、デザインはパーフェクト リバティー教団（ＰＬ）二代教祖の御木徳近《みきとくちか》によるものである（塔の設計は日建設計、施工は東急建設）。昭和四五年（一九七〇）八月一日に落成、つまり大阪万博の「太陽の塔」と競うように出現したことになる。

展望塔の内部にエレベーター、上部に展望台を設けているため、落成直後は展望台を信者以外の一般客にも公開していた。教団は当時、遊園地「ＰＬランド」を運営し、夏季には「関西一と言われる二万人収容の大プール群」と称するプールが人気を呼んでいた。しかし、一九八〇年代になると来場者が減少し、平成元年（一九八九）九月に閉園した。現在は広大な跡地のほとんどは、教団関係者以外には一般開放されていない。

司馬遼太郎はＰＬの塔が完成してから二年後、昭和四七年に連載企画「街道をゆく」の旅でこの塔を見ている（『街道をゆく３』）。南河内の葛城・金剛山麓からの西側の大眺望、大風景をのべたのにつづけて、司馬遼太郎はこんなふうに描写した。

図2-12　PLの塔

ところがその大眺望のなかに、巨大なコンクリートの塔がぬっと立っているのである。カタチはひところ流行った前衛挿花のオブジェのようであり、火星人がつくった蟻の塔のようであり、それが抜きさしならぬほどのあつかましさで大空間を占めているのである。それがいかに美であれ、風景に致命的な変化をあたえるほどに巨大な空間占有物を建てる自由というのは、ちょっとこまるような気がする。南河内の高台を歩いていると、どこからでもこの変な巨大建造物が見えてしまうのである。

（司馬遼太郎『河内みち』）

このように司馬の評価は手厳しいものだが、建設以来PLの塔は、南河内を象徴する景観になっていることは間違いない。

奇想でカラフルなゴミ焼却場

大阪北港の舞洲《まいしま》に、カラフルで斬新なデザインの建築群がある。

大阪広域環境施設組合の「舞洲工場」は、平成一三年（二〇〇一）、オーストリアのウィーン生まれの建築家、フリーデンスライヒ・フンデルトヴァッサー（一九二八〜二〇〇〇）の設計によってつくられたもので、塔状の建物が目をひく。

自然と一体化するような曲線的なデザインと、火や水をイメージしたカラフルな彩色が

図2-13　舞洲工場

特徴。地下二階、地上七階建て、約一万七〇〇〇平米におよぶ巨大建築には、ゴミの焼却施設と粗大ゴミの破砕《はさい》施設が備わっている。

フンデルトヴァッサーの建築には、自然と調和する曲線や渦巻き模様が多く取り入れられ、また、炎や水を表現する豊かな色彩表現と装飾性が特徴。代表作にウィーンにある集合住宅フンデルトヴァッサーハウスや、美術館クンストハウス・ウィーンなどがある。フンデルトヴァッサーは日本人女性と結婚し、絵画作品には日本語で「百水」のサインをすることもあったという。

フンデルトヴァッサーは生涯で二つのゴミ焼却場を設計していて、ひとつはウィーンにあるシュピッテラウゴミ焼却場で、もうひとつが大阪の舞洲工場である。

金色の球体を頂く青い巨大な煙突は、舞洲工場のコンセプトである「技術・芸術・エコロジーの融和のシンボル」を体現する設備のひとつで、外壁に多彩な窓がデザインされている。「塔」に見えるのはじつは煙突で、ゴミ焼却で生まれる排ガスを処理したうえで排出する機能をそなえる。舞洲工場には、「自然界には同じ形や色のものは存在しない」というフンデルトヴァッサーの思いが、込められているという。

このように、大阪には奇抜だが印象的な塔（塔状の建物）がいくつもある。そう言えば通天閣をとりあげなかったが、あまりにも有名で、大阪のシンボルのようにとらえられていることもある。

いずれにしても、デザインに着目して大阪を見ることは、新しい角度を提供する点で、これから流行っていかないものかと個人的に思っている。

第3章 女性——文学とビジネス

1　商家から生まれた女性文学

老舗の娘の観察眼

大阪文化に女性のまなざしは欠かすことができない。とくに大阪の女性は、消費行動においても、なんでも値切るイメージをもたれているが、ものを「安く」買うことに、合理性をおぼえているふしがある。

男性がのんびりしていて、女性がしっかりしているというのは、織田作之助《おださくのすけ》の『夫婦《めおと》善哉《ぜんざい》』（一九四〇年）がふりまいたイメージだが、商家でも、娘の観察眼をあてにしていたようだ。思想やイデオロギーより、生活実感や身体感覚によってものごとを判断する大阪女性の行動原理は、重要な大阪文化のひとつといっていいだろう。

この章ではそうした大阪文化を体現した文学者、経営やビジネスに活かした実業家、デザイナー、プランナーなどの大阪の女性たちを見ていくことにする。

与謝野晶子のルーツは堺の商家

阪堺線宿院停留場からすぐの大道筋《だいどうすじ》（紀州街道）に面して、歌人・与謝野晶子生家跡を示す石碑と、「海こひし潮の遠鳴りかぞへつつ少女となりし父母の家」と刻んだ歌碑が立つ。与謝野晶子（一八七八〜一九四二）は、ここ堺県堺区甲斐町《かいのちょう》四六番屋敷（現・堺市堺区甲斐町西）で、和菓子店「駿河屋《するがや》」を営む鳳宗七・津祢を父母として生まれた。本名を志よう。

駿河屋は寛正二年（一四六一）に京都・伏見で創業し、秀吉の聚楽第《じゅらくだい》（京都における邸宅）での「大茶会」で引き出物としてこの店の羊羹が用いられて絶賛された。その分家である大阪「駿河屋」からさらに暖簾分けされた初代鳳宗七が、天保年間に堺甲斐町で店を開いたのが堺「駿河屋」で、晶子は初代宗七の次男の三女で、子供時代は店を手伝っていたという。

図3-1　与謝野晶子

晶子の父は、和菓子商駿河屋の二代目であった。大阪の商家の様子を紹介した

図3-2 『住吉堺名所幷ニ豪商案内記』に描かれた駿河屋

> 『住吉堺名所幷ニ《ならびに》豪商案内記』（川崎源太郎著・一八八三年）には、当時の駿河屋を描いたイラストが掲載されている。レンガ造りの高い煙突や屋根の上に据え付けられた大時計が特徴的な立派な店舗である。雇用されていた職人や女中はかなり多かったはずだ。
> （松村由利子『ジャーナリスト与謝野晶子』）

明治二八年（一八九五）頃から歌を雑誌に投稿し始めた晶子は、当初は、旧派の歌をつくっていたが、やがて短歌革新運動の主唱者のひとり、与謝野寛《ひろし》（号・鉄幹《てっかん》）が明治三三年（一九〇〇）に創刊した『明星《みょうじょう》』に投稿するようになっていった。翌年には晶子が上京し、二人は結婚（当初は不倫で寛は再婚）、同年に晶子が出した第一歌集『みだれ髪』は女性の恋愛感情を素直に詠んだ斬新な作風から賛否両論を巻き起こした。

日露戦争中の明治三七年に発表した長詩「君死にたまふこと勿《なか》れ」は従軍中の弟籌三郎《じゅさぶろう》の身を案じて詠んだものだが、反戦を意図しているととらえられ、国賊的だという批判を受けた。

大正一〇年（一九二一）、西村伊作《いさく》や石井柏亭《はくてい》、夫の寛たちとともに文化学院を創設。また『源氏物語』の現代語訳を生涯で三回おこなっている。

論争における立場も商家から

晶子は大正時代になると社会評論を数多く執筆するようになる。そうしたなかで晶子が参入し、大いに盛り上がったのが、世に知られる「母性保護論争」である。

働く女性と子育てをめぐって女性の社会的・経済的地位の向上などについて展開されたこの論争で、雑誌『青鞜《せいとう》』を舞台に活躍した運動家の平塚らいてうは、「国家は母性を保護し、妊娠・出産・育児期の女性は国家によって保護されるべき」「女性と子供は公の財」「母性中心主義」などを唱えた。これに対し晶子は、国家による母性保護を否定し、婦人は男子にも国家にも寄りかかるべきではないと主張する。こうした晶子の主張の背景には、晶子が娘の頃から実家を手伝い、職人の仕事を見たり、帳簿台に座って帳簿をつけたりしていたリアルな実感があった。

私は労働階級の家に生れて、初等教育を受けつつあった年頃から、家業を助けてあらゆる労働に服したために「人間は働くべきものだ」ということが、私においては早くから確定の真理になっていました。私は自分の家の雇人の中に多くの勤勉な人間を見ました。また私の生れた市街の場末には農人の町があって、私は幼年の時から其処に耕作と紡織とに勤勉な沢山の男女を見ました。

（与謝野晶子「婦人改造の基礎的考察」）

平塚らいてうや、やはりこの論争に参加した社会主義者の山川菊栄《きくえ》らと違って、間近に労働者がいたこと、職人によって実家の商売が支えられていると自覚していたことが、晶子の思想の根幹にあったのである。

私はすべての人間が一様に働く日が来なければならない。働かない人たちがあるために他の人たちが余計に働き過ぎている。その働かない人たちの分までをその働き過ぎる人たちが負担させられていると思うのでした。これは私の家庭で、私と或一、二の忠実な雇人とが余りに多く働きつつあった実感から推して直観したのでした。

（与謝野晶子、同前）

イデオロギーに先んじる実感や経験を重んじた与謝野晶子は、生涯、堺の娘だったといっていいだろう。

晶子は駿河屋で働く職人にたいして、冷静かつあたたかい視線を注いだ。定七という菓子職人を、菓子をこしらえること、商売をすることの「天才」だと評価するのである。定七は、二〇人がかりで二日は要する作業を、ふたりの助手とともに半日で仕上げる。しかもその手際が美しかった。しかも定七は、自分の家では煙草店を出し、そのほかに段通（堺名産の手織りの高級絨毯《じゅうたん》）の織屋もしていた。

晶子のジャーナリストとしての観察眼に光をあてた『ジャーナリスト与謝野晶子』で、著者の松村由利子は、「天才的な歌人だった晶子が、定七を「天才」だと称えているのは愉快である。手際よく菓子を作ってゆく彼の手元を、感嘆しつつ眺める十代の晶子の姿が見えるようだ」とのべている。

生活感至上主義ともいうべき晶子の世界観は、堺の商家ですごしたことをぬきにして、考えられないものなのである。

船場商人の機微を小説にした山崎豊子

与謝野晶子と同じく、大阪の商家に生まれた作家の山崎豊子（一九二四～二〇一三）は、小説のなかにしたたかな商人の姿を数多く登場させた。

船場の老舗昆布店「小倉屋山本《おぐらややまもと》」の娘として生まれた山崎は、大阪市芦池尋常小学校（現・大阪市立南小学校）、相愛《そうあい》高等女学校（現・相愛中学校・高等学校）を経て、京都女子専門学校（現・京都女子大学）国文科を卒業後、毎日新聞大阪本社学芸部に勤務した（家庭面を担当）。同社に在籍していた作家・井上靖《やすし》の指導を受け、生家の昆布屋をモデルにした『暖簾《のれん》』で作家デビュー。

松の内が過ぎ、正月気分も落ちついて、女中たちがお祝い膳を蔵へ納めているころ、「昆布屋というもんは、自分とこで製造して、自分の店で売る、云うてみたら加工販売や。一人前の昆布屋になろ思うたら、昆布の削り方ぐらい知らんとあかん」

（山崎豊子『暖簾』）

昭和三三年（一九五八）に吉本興業の創業者・吉本せいをモデルにした『花のれん』で直木賞を受賞。毎日新聞社を退社後、作家業に専念し、『ぼんち』『女系家族』『花紋』など大阪の商家・商人を主題にした小説を次々と刊行した。『白い巨塔』『華麗なる一族』で、鋭い社会批判を含む独自の作風を確立。『不毛地帯』『二つの祖国』『大地の子』の戦争三部作、航空機事故と航空会社内の腐敗をとりあげた『沈まぬ太陽』を発表した。代表作のほとんどが映画やドラマになっている。『暖簾』に代表される山崎豊子の商家・商人文学には、大阪の老舗ならではの文化や風習が描き込まれている点で大変貴重だ。次の文中の第五回内国勧業博覧会は、明治三六年三月一日から七月三一日に大阪市の天王寺今宮で開催されたもので、日本国内の産業を振興し、魅力的な輸出品の育成をめざした内国勧業博覧会のうち最後で最大のものである。

この年、明治三十六年の七月に、第五回内国勧業博覧会が初めて大阪の天王寺で開かれることになった。浪花屋は勧業博覧会の一般出品物とは別に、博覧会へお成りになる天皇陛下に、浪花名産として献上品を奉るよう、大阪府からお達しがあった。開会期日までは三カ月ほどしかなかった。（中略）

原草昆布は、北海道渡島《おしま》産の甘味に富んだ真昆布が選ばれ、酢は『三勘《みつかん》』の酢で漬け前《まえ》した。庖丁は大阪一の刃物と銘打たれた『こがね屋』の庖丁職人が、こがね屋の庖丁に文句云いくさって、罰あたり奴《め》！　と、血相かえて怒鳴り込んで来るほど、何度も打ち直し、研ぎなおさせた。薄刃の固いものでなければ、昆布の上を走る庖丁が甲高くきしって、あしの短い粗い品物が出来た。一月経っても旦那はんの眼に適《かな》う品が出来上らず、誰が鑑定に行っても通らなかった。

（山崎豊子、同前）

山崎豊子は大阪とは離れた大作でベストセラー作家になり、現在もそうした作品で名前が挙がることが多いが、『暖簾』のなかで職人や商人を観察してきた冷静沈着な眼が、大いに役立っているのではないか。そして、「老舗」が旧弊にどのように囚われ、どのようにそこから脱却していくべきかといった、組織論やマネージメント論も、娘という立ち位置から学んでいたにちがいない。

2　経営手腕と発想力

時代の先を読んだビジネスセンス

二一世紀の現在でも女性経営者の数はそれほど多くない。

民俗学が対象とする庶民の社会では、収穫（獲）したものを市場にもちこみ、相応の値づけをし、家政・家計に現金収入をもたらすのは女性の仕事だった。つまり、世間で何がどれくらいの価格で売れるのかといった経験にもとづく才覚は、女性の方が秀でていたはずなのである。しかし、近代以降の資本主義の下では、こうした女性の才覚が生かされているとはいえないようである。それでは大阪ではどうだったか。価値あるものを見きわめた、大阪の女性たちをとりあげよう。

大同生命の女性創業者

平成二七年（二〇一五）に放送されたＮＨＫ連続テレビ小説「あさが来た」の主人公のモ

デル（配役は波瑠《はる》）になった広岡浅子（一八四九～一九一九）は、豪商「加島屋《かじまや》」を近代日本経済の激動のなか、リーダーシップを発揮し、再建に導いた。

加島屋は、摂津国川辺郡東難波村（現・兵庫県尼崎市東難波町）の広岡九兵衛家に生まれた広岡冨政が、大坂の加島屋五兵衛家に奉公した後、のれん分けを許されて「加島屋久右衛門家」を興したのがはじまりである。当初は御堂前（現・本願寺津村別院近辺）で精米業を営んでいたが、その後、現在の大同生命本社が建つ場所（大阪市西区江戸堀）に移転した。

世界初ともいわれる先物取引市場、堂島米市場が幕府から公認された際には、四代目加島屋久右衛門・吉信《よしのぶ》が取締役のひとりになった。堂島米市場の発展とあわせて、加島屋も事業規模を拡大していった。一八世紀半ば以降、大名に資金を融通する「大名貸し」にビジネスを特化させていき、資産をさらに増加させる。

当時の長者番付で、加島屋は鴻池《こうのいけ》と並んで最高位に位置し、その地位は幕末まで変わらず、明治維新を迎えた。しかし、廃藩置県で全国の大名への貸し付けが回収不能になる、そんな加島屋を、近代的企業として立て直したのが広岡浅子にほかならない。

山城国京都油小路通《あぶらこうじどおり》出水《でみず》の小石川三井家六代当主・三井高益の四女として生まれた浅子は、加島屋五兵衛家の当主・広岡信五郎に嫁ぐと、独学で簿記や算術、商業に関するこ

図3-3　大同生命旧肥後橋ビル

とを学んだという。そして、窮地に陥った加島屋を立てなおすため、炭鉱業に進出する。福岡県飯塚市にあった潤野《うるの》炭鉱を買い取り、当初は十分な産出量を得られなかったが、再開発の指揮を執り成功を収めた。加島銀行を設立し、さらに生命保険事業へと進出する。

こうして加島屋は、加島銀行と大同生命を中心とする近代的な金融グループへの変革を果たしたのである。

教育者として、浅子は梅花《ばいか》女学校の校長・成瀬仁蔵《じんぞう》に請われて、日本で最初の女子大学校である日本女子大学の創設を支援した。また、若い女性を対象に浅子が主宰した講習会には多くの逸材が集まり、女性参政権獲得運動に生涯をささげた市川房枝《ふさえ》や、翻訳家・作家として『赤毛のアン』など多くの作品を生んだ村岡花子らを輩出している。

ファッション界をリードしたコシノ三姉妹とその母

平成二三年（二〇一一）に同じくＮＨＫの連続テレビ小説で放送された「カーネーション」のモデルは、コシノ三姉妹（コシノヒロコ、コシノジュンコ、コシノミチコ）の母親、小《こ》篠綾子《しのあやこ》（一九一三～二〇〇六）だった。コシノ三姉妹はデザイナーとして優れているだけではなく、高度経済成長期以降の日本で、だれもが知るファッションブランドとして経営者としても成功を収めたのである。三姉妹がともに成功したバックボーンには、もちろん母・綾子の影響があった。

小篠綾子は、呉服屋小篠甚作と小篠ハナの長女として兵庫県加西《かさい》郡西在田《にしありた》村若井（現・加西市若井町）で生まれた後、大阪府泉南郡岸和田町（現・岸和田市）に移る。大阪府立岸和田高等女学校（現・大阪府立和泉高等学校）を中退後、パッチ店、紳士服店、生地店などで洋裁の修業を積み、岸和田市でコシノ洋装店を開業する。

紳士服のテーラーだった川崎武一と結婚し、長女のヒロコ（弘子、一九三七～）、次女のジュンコ（順子、一九三九～）を生み、三人目のミチコ（美智子、一九四三～）を妊娠中に夫

図3-4　岸和田市のコシノ洋装店付近

は召集されて戦病死する。戦後は岸和田で洋装店を経営しながら、後に世界的なデザイナーとして活躍する娘三人を女手ひとつで育てた。そして、七四歳で「アヤコ・コシノ」ブランドを創設し、亡くなるまで現役デザイナーとして活躍する。

こうして生まれ育った三姉妹のファッションとブランドイメージは、海外での評価によって逆輸入的に高められ、知名度をあげることに寄与した。

長女のコシノヒロコは文化服装学院在学中よりキャリアを重ね、東京、パリ、ローマ、上海、ソウル、台北など世界各地でコレクションを発表する。令和三年（二〇二一）には兵庫県立美術館で「コシノヒロコ展」を開催した。次女のコシノジュンコは、文化服装学院在学中、新人デザイナーの登竜門「装苑《そうえん》賞」を最年少の一九歳で受賞。昭和六二年（一九八七）に初参加したパリ・コレクションをはじめ、中国、ベトナム、キューバでもファッションショーを開催。フランス政府からレジオン・ドヌール勲章シュヴァリエを受章している。三女のコシノミチコは単身で渡英後、ロンドンを拠点に活動し、代表作はヴィクトリア&アルバート博物館に収蔵されている。

岸和田市市制施行一〇〇周年を記念したインタビューで、三姉妹は母の綾子や故郷岸和田への思いを口にしている。（以下、Hはヒロコ、Jはジュンコ、Mはミチコ）。

H 何といっても自分の出身は岸和田。海外にいるときも国籍は「日本」ていうよりも「岸和田」。これは誇りやね。

J そう。自分の中では岸和田ことばがスタンダードで、今でも日本語は岸和田ことば。要するに、出身地は日本であることよりも岸和田という思いが優先してる。

H 事務所でスタッフと話してても、みんな標準語と岸和田ことばを使い分けてる。私に感化されてるねん（笑）。来客者はスタッフ間の会話になると「…??」。つまり、何語かわかっていない。

J　そう。「しちゃって」とか「食べり」とか岸和田ことばが耳に居ついて、愛着以上のものがある。お母ちゃんが東京に来たときは「何語を話しているの？」と友だちからよく聞かれたわ。「宇宙語？」とからかわれた。私は上京した折、無口でしゃべれなかった…、標準語についていけなくて。

M　ロンドンで日本のことを聞かれたら、「日本」イコール「岸和田」として答えてるわ。私は英語と岸和田ことば、２カ国語で会話している。ロンドンは地域色が濃くて、自分の住む地域が最重要。それと一緒やで。私はもう関空着いたら、まず岸和田！　打合せがあったら大阪市内にも行くけど、そんなんどうでもいい、とにかく岸和田やわ。

（「スペシャルインタビュー　コシノ三姉妹」『岸和田市市制施行１００周年記念誌』）

三姉妹そろって、「大阪」を飛び越えて「岸和田」にたいするアイデンティティを唱える。それは、小篠一族が育った繊維と縫製の町、岸和田の歴史と文化への誇りによるものであり、大阪が大阪市内だけのものではないことの証明にもなっているのである。

アメリカ村を生んだ実業家・空間プロデューサー

古着屋や雑貨屋、レコード店にカフェなど約二五〇〇ものさまざまな店舗が並ぶ、ミナミの「アメリカ村」。この〝村〟は、島之内出身の日限萬里子《ひぎりまりこ》（一九四二〜二〇〇五）が、ミナミのさびれた一角に店を出したことがきっかけとなり、若者の集まる街が自然発生し、彼女はその産みの親となった。

御堂筋の東側にある心斎橋筋商店街は、当時からそごうや大丸など百貨店などが立ち並ぶ繁華街だった。しかし現在アメリカ村がある西心斎橋（旧炭屋町《すみやまち》）地区は、倉庫、駐車場、オフィス、住宅などしかない静かなエリアだった。

昭和四四年（一九六九）、空間デザイナーだった日限が、現在のアメリカ村のシンボルになっている三角公園前にカフェ・LOOPをオープン。当時、心斎橋を拠点に活躍していたグラフィックデザイナー・黒田征太郎や日本の女性下着に革命をもたらしたデザイナー・鴨居羊子《かもいようこ》などのクリエーターからの支持を受け、新しい文化を発信していった。萬里子の実弟で、ともに都市開発や地域振興を手がけた日限萬彦は、当時をこんなふうに描いている。

貸事務所を見つけてペンキを塗り、棚をつくり、窓からアメリカの旗を掲げ、「ここでアメリカしてるぅ」という意思表示しながら、冬には買いつけを兼ねて西海岸の空気をいっぱい吸って春に帰ってくる若い店主たち。皆、人生をエンジョイしながら商売をしていた。

それは萬里子の人生観そのものだった。そのようなライフスタイルをする人たちが、いつの間にかどんどん増えていた。場所を探し、見よう見まねで店をつくる。一杯のコーヒー、一枚のTシャツ。デパートでは買えない価値観だった。

（日限萬彦『アメリカ村のママ　日限萬里子』）

倉庫や駐車場などを利用して、日本ではまだ珍しく高価で入手困難だった中古レコードやジーンズ、Tシャツ、古着、サーフボードなどをフリーマーケット形式で販売。本場アメリカのアイテムが話題となり、多くの若者たちで賑わいだした。サーファーショップなどアメリカからの輸入雑貨などの店が近辺に増え始めたことから、日限は「アメリカ村」を提唱する。日限は昭和五三年にはディスコ・ＰＡＬＭＳも開業し、大阪でのディスコブームの火付け役となった。

図3-5　心斎橋ビッグステップ

昭和五七年にホテル日航大阪がオープン、昭和五八年の無印良品の進出で若者も一気に増加し、アメリカ村は軌道に乗りだす。昭和六二年に日限は、アメリカ村に隣接するビジネス地区の南堀江にクラブ・LIFE、平成二年（一九九〇）にクラブ・QOOをプロデュースし、大阪にクラブやカフェブームをおこした。

平成二年にタワーレコード、平成五年に心斎橋BIGSTEP（ビッグステップ）、平成六年に心斎橋オーパなど大型店舗および施設が開業。そのほか、ユナイテッドアローズ、ビームス、シップスなど大型店舗が進出。ライブハウスや映画館などの誕生により、この一〇年で約一〇倍となる二五〇〇もの店舗数となったアメリカ村は全国的に知られるようになった。

柴崎友香《ともか》（一九七三〜）の小説『その街の今は』は平成一八年に発表、刊行された作品だが、アメリカ村の変化の過程がよく捉えられている。

　自転車に乗り直し、ビッグステップの前を通って四ツ橋筋まで抜ける。中学に入ってすぐ初めてこの辺に来たとき、まだ南中学校の校舎があった。もう使われていなくて工事用の柵で囲われていたので、その周りは閑散としていて、雑誌やテレビでのイメージよりのんびりした感じにちょっと拍子抜けしたのを覚えている。ビッグステップがオープンしてから次々に新しい店ができて「アメリカ村」と呼ばれる地域が広がって、前からあったホテルが閉鎖されたり古い料理屋なんかが出て行き、今は朝から修学旅行の中学生がうろうろしている頭上に、キャッチセールスに対する注意を呼びかける放送が終わりなく流れている。

（柴崎友香『その街の今は』）

　平成一〇年に日限は、堀江公園付近にカフェ・ミュゼ大阪をプロデュースし、二〇〇〇年代に堀江地区に多くの路面店・雑貨店・カフェが集積するきっかけをつくった。日限による村づくり、村おこしは、当初から約二十年を経ても、とどまることを知らなかったの

図3-6　アメリカ村

である。柴崎は堀江あたりの風景についても、地理学的な変貌を活写している。

四ツ橋筋を渡って堀江を回り、四軒のカフェと三軒の雑貨屋にフライヤーを持っていき、そのうち四軒からフライヤーやフリーペーパーをもらった。立花通りは相変わらず、四ツ橋筋からなにわ筋まで歩いてきた人が、今度は来た道を逆に向いて紙袋を持って帰る規則正しい流れができていた。立花通りも、五、六年前まではぽつぽつと家具屋があった程度だったのが、ほんの一年ほどでお買い物の街になり、いつもどこかが工事中だったのが最近はやっと落ち着いてきた。

（柴崎友香、同前）

日限萬里子がつくった〝村〟は現在も健在で、三角公園を中心にした雑然とした街路を、散策する若者たちがひきもきらない。

3　大阪性と女性性の現代作家

肌感覚への信頼

大阪の女性たちの、大阪で生まれ育ったことに由来する生活実感や身体感覚は、肌感覚といいかえてもよい。肌感覚にもとづいた営為は、イデオロギーに染まりにくく、また、外部と内部の変化に対し鋭敏に反応する。

与謝野晶子と山崎豊子もそうだったが、これからあげる三人の作家も、いわゆるフェミニストとは一線を劃《かく》し、自らの女性性に敏感でありつつも、それを一般化することはなく、批評的に捉えて表現する場合が多い。そのためかマージナル（境界的）でオルタナティブ（非主流）であることを恐れないので、それが文学的に無二の魅力を覚えさせるのである。

ふつうの大阪女性を描いた田辺聖子

「おせいさん」の愛称で知られる田辺聖子（一九二八〜二〇一九）は大阪市此花《このはな》区（現・福島区）の写真館で生まれる。この写真館は、田辺の曽祖母が発案し、その後家族の生業になっていったものらしい。

花かげの床几《しょうぎ》でくつろいでいる家族連れに、曾祖母は〈お写真、ひとつ、どないだす〉とものやさしく声をかける。ベビさんのお守りよりも、やはり、こういう商売のほうが曾祖母に適《あ》っていた、と親類の古老はいう。

〈なんし、あのお婆ちゃんは、若いころは色白うてどっしりした肉付き、なッや、今はグラマー、いいまんのか、大柄で愛想ようて目立ちまっしゃん。……それが口上手にすすめるもんやさかい、はやったそうでっせ〉

と見てきたようにいう人もいた。

まあ、珍しもの好きの大阪人にウケたのであろう。やがて、福島の勧商場《かんしょうば》（一つの建物の中で何軒かが区切って店を出すもの。食料品はなく、雑貨や荒物屋である）の、二階だか一角だかに、「田辺写真館」を開業することになった。

（田辺聖子『田辺写真館が見た〝昭和〟』）

樟蔭《しょういん》女子専門学校（現・大阪樟蔭女子大学）国文科卒業後、会社勤めの傍ら創作活動を始め、明治・大正・昭和の三代を生き抜く大阪女を描いた『花狩《はなかり》』が懸賞小説に佳作入選しデビューした。ラジオドラマ作家としても活躍し、『感傷旅行（センチメンタル・ジャーニイ）』（一九六四年）で第五〇回芥川賞受賞。大阪ことばを駆使した、ユーモアと批評精神溢れる旺盛な創作活動を展開した。なお、卒業校である大阪樟蔭女子大学付属図書館（東大阪市）には田辺聖子文学館がある。

『千すじの黒髪――わが愛の與謝野晶子』、『道頓堀の雨に別れて以来なり――川柳作家・岸本水府とその時代』など評伝もよくし、『源氏物語』の口語訳など、古典文学の翻案にも力を注いだ。

自身の体験をもとに戦中戦後を生き抜いた大阪の女性を主人公にすえた『私の大阪八景』（一九六五年）は、「民のカマド〈福島界隈〉」「陛下と豆の木〈淀川〉」「神々のしっぽ〈馬場町・教育塔〉」「われら御楯《みたて》〈鶴橋の闇市〉」「文明開化〈梅田新道〉」の五章からなる。「われら御楯〈鶴橋の闇市〉」には、空襲の脅威にさらされ、右往左往する大人の姿が、子供の視線で記録されている。

夜になると町会の人々が何とはなく集まる。

ガラス屋のおっさんは名代のへんこつ者で、町内の防空壕の入口に「町内待避所」と書いてあるのを文句をいっていた。

「いかなる場合でもでんな、避ける、逃げ出す、ちゅう気はいかんと思うのだす。そういう消極的な気持ちでは戦争に勝てまへん。前線勇士の心を心とするというのは、どこまでも戦うてゆく敢闘の精神をいうのやおまへんやろか」

みんなはうるさいので、さいだす、さいだす、と急いで相槌をうっている。

「しからばだンな、敢て言葉にこだわるのやおまへんけど、壕は待避所やのうて待機所と称すべきや、思いまんねん。防火に当たる待機所、この精神を徹底させな、完全な防空はできまへんで」

（田辺聖子『私の大阪八景』）

戦中の大阪の「大人」が、下町言葉を用いながらも「公」に追従するばかりに、言葉を選んでいる様子が、若い女性のある意味で容赦のない、目と耳で捉えられる。田辺と同世代の男性作家が書いた〝戦中もの〟が、威勢が良くても暗鬱で情緒的なものが多いのにたいして、田辺の〝戦中もの〟には冷静な目配り、耳配りがいきとどき、批評的なリアリティを獲得しているといえるのではないだろうか。

富岡多恵子の〝自由〟

大阪市此花区伝法町生まれの富岡多恵子《たえこ》（一九三五～二〇二三）は、小説・詩・評論など活動範囲が広く、昭和の時代に自由で、批評精神にとんだ活動を展開した。

大阪府立桜塚高等学校、大阪女子大学（現・大阪公立大学）文学部英文科を卒業。大阪女子大在学中に、小野十三郎に師事し上梓した第一詩集『返礼』（一九五七年）で、詩壇の芥川賞といわれるH氏賞を受賞。『厭《えん》芸術浮世草紙』以後、詩から離れ小説を書きはじめる。

大阪の文学者をモチーフにした評論・評伝に『漫才作者秋田實《みのる》』、『西鶴のかたり』、『釋迢空ノート』がある。そのほかにも大阪文化にたいし、一家言をもった文学者だった。

（大阪人は：筆者注）一種の「正調大阪語」に固執するところがあり、他国人の大阪語（のつもり）にわずかでも「正調」からはずれているのを感じると背中が痒くなり、神経が「チガウ」と声をあげる。ほとんどこれは音楽としての問題で、だれもが承知している歌を一部ちがったメロディで歌われるようなもの。

（富岡多惠子「ピジン・オオサカ語」）

上野千鶴子、小倉千加子との鼎談『男流文学論』（一九九二年）も話題をまいたが、いっぽうで、作曲と編曲を坂本龍一が担当したアルバム『物語のようにふるさとは遠い』（一九七七年）を発表するなど、ボーダーレスなアーティストだった。

川上未映子の斬新と継承

あびこ筋の阿倍野区役所のすぐ南に、ドイツのヴァイマル工芸学校、後のバウハウスを

図3-7　大阪府立工芸高等学校の校舎

モデルに設計された印象的な校舎が建つ（大正一三年［一九二四］竣工した）。大阪屈指のかっこいい建物は、大阪府立工芸高等学校の本館校舎だ。デザイン・美術系専門のこの高校の卒業生が平成二〇年（二〇〇八）に芥川賞を受賞した。それまでは歌手としても活動していた川上未映子《みえこ》（一九七六〜）である。

川上は大阪市城東《じょうとう》区生まれ。アルバム「頭の中と世界の結婚」（全曲を作詞・作曲）で歌手デビューし、平成一七年から文筆活動をはじめた。平成一九年、小説『わたくし率 イン 歯ー、または世界』が芥川賞候補になり早稲田大学坪内逍遙大賞奨励賞を受賞。平成二〇年豊胸手術のため大阪から東京にいる妹のもとを訪れたホステスと小学生の娘を措いた『乳《ちち》と卵《らん》』で芥川賞を受賞した。平成二二年には映画『パンドラの匣《はこ》』でキネマ旬報ベスト・テン新人女優賞を受賞している。

新作を出すたび、新しい女性像を表現しつづける川上は、いっぽうでオルタナティブな大阪文学の継承者でもある。長編小説『夏物語』(二〇一九年)には、複数の線路が交差するターミナル、京橋駅らしき駅の駅頭の、猥雑さが活写されている。

巻子の働いているスナックは、大阪の笑橋《しょうばし》という場所にある。わたしたち親子がコミばあのところに夜逃げしてから、三人でずっと働いてきた街だ。高級なものとはいっさい縁がなく、飲み屋街ぜんたいがこう、茶色に変色しながらかたむいているような雑多な密集地帯である。

一杯飲み屋、立ち食いそば、立ち食い定食屋、喫茶店。ラブホテルというよりはラブ旅館、みたいな廃墟のような一軒家。電車みたいに細ながい造りの焼肉屋、冗談みたいな煙にまかれているもつ焼屋に、いぼ痔と冷え性の文字が大きくひとつの看板に掲げられてる薬屋。店と店のあいだには少しの隙間もなく、たとえばうなぎ屋の隣にテレホンクラブ、不動産屋の隣に風俗店、びかびかした電飾と幟《のぼり》はためくパチンコ屋。店主がいるのを見たこともない判子屋に、何時であっても薄暗く、どの角度からみても不気味で不吉なゲームセンターなんかが、ところ狭しとひしめいている。

（川上未映子『夏物語』）

川上の作品には、現代女性のまさに肌感覚を生かしたものも目立ち、その文学的評価や人気に寄与しているのではないだろうか。しかし、その肌感覚によってふれた世界を、べたつかない端正な美意識によって再構築しているように思える。

田辺聖子、富岡多恵子、川上未映子を、「女性」を主題とした本章で紹介したが、身体性をよりどころにしつつも、身軽で、洒脱《しゃだつ》で、オルタナティブなところも大阪的だといえそうだ。

第4章 リベラルアーツ——知的ネットワークの系譜

1　契沖と慈雲という先駆け

知的ネットワークの広がり

近世の大阪では、先端的な学問が「学問所」という場から生み出されていった。山片蟠桃《やまがたばんとう》（一七四八〜一八二一）、富永仲基《とみながなかもと》（一七一五〜一七四六）ら現代の目から見て破格の天才学者をそだてた「懐徳堂《かいとくどう》」、福沢諭吉を輩出したことで知られる緒方洪庵《おがたこうあん》（一八一〇〜一八六三）の「適塾《てきじゅく》」は、いずれも町人による町人のための学問所だった。これらに先んじて国学や梵語《ぼんご》（サンスクリット）の先駆的学者が大阪から出たことも忘れてはいけない。契沖《けいちゅう》と慈雲《じうん》である。

近現代でも知的ネットワークは重視された。日本民俗学の展開に、大阪が果たした役割がすくなくないこともこの先のべていきたい。

「国学」の先駆者・契沖

和泉市万町《まんちょう》に、江戸時代中期の真言宗の僧で国学者の契沖（一六四〇〜一七〇一）が寄寓《きぐう》した伏屋《ふせや》重賢《しげかた》の住居、養寿庵《ようじゅあん》の跡がある。

図4-1　契沖養寿庵跡

契沖は、摂津国川辺郡尼崎《あまがさき》（現・兵庫県尼崎市南東部）生まれ。一一歳で出家し、摂津国東成郡大今里村（現・大阪市東成区大今里）の真言宗妙法寺の丯定《かいじょう》の弟子となり、仏教の修行に入る。一三歳で高野山にのぼって修行を積み、二三歳で阿闍梨《あじゃり》の位を得た後、下河辺《しもこうべ》長流《ちょうりゅう》を知って古典研究をはじめる。和泉国久井（現・大阪府和泉市）の辻森吉行《よしゆき》、その後万町の豪農で文人・伏屋重賢のもとに寄寓し、和漢書の研究に打ちこんで、梵語の表記法（悉曇《しったん》）の研究を深めた。

民俗学者・宮本常一の『村里を行く』（一九四三年）には、宮本が和泉市池田の明王院に住んでいた頃、養寿庵を訪ねた話が「国学発祥の家」としてのっている。

一日、私はこの旧邸を訪うべく親しい友の二人と出かけた。槇尾川にかけられた琴阪橋を渡ってダラダラ坂をのぼり、伏屋邸の前まで来た。空は曇って、谷を距《へだ》てて北に連らなる信太山台地の上には五月雨雲が低かった。東にはるかなる金剛山も、その頂を雲の中に突き込んでいる。こうした暗い野には、田植の準備に忙しい人々の姿が見えた。

右へ行けば松尾寺道、左はすぐ伏屋邸、その別れ路に小さな高さ一尺ほどの自然石の道標がある。表面の文字ははっきり「ひだりさかひ」とよまれる。(中略)

私たちはそれから契沖の旧庵址を見せていただいた。そのあたりは大きな竹が一面に茂って、その竹藪の中に古松の伐り株があった。その松の下に養寿庵というささやかな庵があった。

(宮本常一『新編　村里を行く』)

四〇歳で伏屋家を出た契沖は、妙法寺の住職となる。そしてこの頃、徳川光圀《みつくに》により『万《まん》葉代匠記《ようだいしょうき》』の執筆を依頼される。『万葉代匠記』は万葉集の注釈書で、それまでの万葉集の解釈にたいし革命的な影響を与えた。それは主観的、独断的な古典研究だったものを改め、実証主義、文献主義、合理的帰納主義という近代的方法を確立するものだといわれている。

契沖は、当時主流となっていた定家仮名遣の矛盾に気づき、歴史的に正しいとされる仮名遣いの例を古典から集めて分類し、『和字正濫鈔《わじしょうらんしょう》』を著す。契沖の学統は荷田春満《かだのあずままろ》や本《もと》居宣長《おりのりなが》らにも受けつがれた。

伏屋氏の邸にはその後もこのようにして足をとどめた有名無名の風流の士が多く、いずれも長きは数年を滞在して行ったようで、かの柳里恭もこの家を訪ねたといわれている。

さてこういう家のあったということが、過去の社会においてどれほど大きな貢献をしたか分らぬと思う。古い文化の保存、新しい文化の展開はこのような遊歴の士を心おきなく逗留させ、世話をなし、これをはげましいたわった地方豪家の功に待つものが少なしとしない。

（宮本常一、同前）

宮本は契沖の業績とともに、こうした優れた学者が泉州から生まれたいちばんの理由として、「こういう家のあったということが、過去の社会においてどれほど大きな貢献をしたか分らぬ」というように、地域の豪農である伏屋重賢のようなパトロン、ブレーンがいたことを強調しているのだ。「国学発祥の家」は、船場のような町なかではなく郊外だった。新しい知性を生みだすための蓄積が、和泉の農村にもあったことは、大阪の厚みといっていいだろう。

万町の養寿庵跡は、交通が不便なこともあり（とはいっても泉北高速鉄道和泉中央駅から徒歩約一五分ほどだが）、この章でこれから紹介する懐徳堂や適塾は大坂の街なかに拠点をおいたため顧みられるのが多いのに比べると、知名度も低く、訪れる人も少ないようだ。「国学発祥の地」を多くの人に伝えて、近世大坂の文化資本の豊かさを知ってもらいたいものである。

なお万町の養寿庵は大阪市内に移転されて円珠庵《えんじゅあん》（天王寺区空清町）になり、そこには契沖の墓もある。

民衆層にまで広まった高僧・慈雲の教え

「片手にそろばん、片手に十善法語《じゅうぜんほうご》」という言葉がある。

金儲けのことばかり考えるのではなく、つねに倫理についても気を配るという意味で、大坂商人の気質を表わす象徴的な言葉とされる。この『十善法語』とは、江戸時代中期の高僧で、梵語の研究者だった慈雲（一七一八～一八〇五）の著作で、彼の教えは大坂の民衆像に広まっていたのである。

ＪＲ阪和線南田辺駅から徒歩約五分。田辺不動尊と別称される法樂寺《ほうらくじ》がある。樹齢一千年近い楠《くすのき》の大木と平成八年（一九九六）に建立された三重塔がある。慈雲はこの寺で得度し、その後二三歳で住職になっている。

『十善法語』は安永二年（一七七三）から安永四年にかけて、毎月八日、二三日に慈雲が講じた法語をまとめたもの。人間が守るべき「十善戒」には、「不殺生《ふせっしょう》」（むやみに生き物を傷つけない）、「不偸盗《ふちゅうとう》」（ものを盗まない）、「不邪淫《ふじゃいん》」（男女の道を乱さない）、「不妄語《ふもうご》」（うそをつかない）、「不綺語《ふきご》」（無意味なおしゃべりをしない）、「不悪口《ふあっく》」（乱暴なことばを使わない）、「不両舌《ふりょうぜつ》」（筋の通らないことを言わない）、「不慳貪《ふけんどん》」（欲深いことをしない）、「不瞋恚《ふしんに》」（耐え忍んで怒らない）、「不邪見《ふじゃけん》」（まちがった考えかたをしない）があり、「身」（身体のおこない）、

「口」（ことばのおこない）、「意」（心のおこない）の三つの業にわけられている。

慈雲が理想としたのは、釈迦在世の時代に還ることだったという。当時、経典の多くは漢語に訳されていたが、慈雲は原典に遡って研究解釈を加えた。そのために梵語の研究からおこない、その成果である『梵学津梁《ぼんがくしんりょう》』一〇〇〇巻は世界の驚異といわれている。

慈雲の墓は高貴寺（南河内郡河南町平石）にある。京都・阿弥陀寺で遷化した慈雲の遺骸は弟子たちによりこの地に運ばれて埋葬された。いまでは一般的知名度の低い慈雲だが、彼の教えが実学として浸透していた時代があったことを忘れないようにしたい。

2　懐徳堂・蒹葭堂・適塾の先端的ラーニング

大坂の学問は「実学」だったのか

近世大坂の学問の傾向を一言であらわすとき、よく使われるのが「実学」という言葉だ。

大坂の学問が実学を強調されるのは、江戸が「武士」の町であるのに対し、大坂が「商人」の町であり、難解な学問研究であっても、決して高踏的ではなく、どこかで経営、経済、商売と結びついている、ということを強調しようとしているのだろう。たしかに江戸時代に大坂にできた学問所、すなわち懐徳堂や適塾は、町人・民間人による町人・民間人のための施設で、官製の学問所と違う自由な気風をもっていた。そうした気風のなかから、天才が生まれもしたのだが、その学問的成果には、実学といった言葉をはみだしてしまう、気宇壮大なものもあったこともこれから話題にしていくつもりだ。

図4-2　懐徳堂跡

町人による町人のための学問所「懐徳堂」

享保九年（一七二四）に船場に創設され、明治二年（一八六九）までつづいた「懐徳堂」は、大坂の五同志と呼ばれた町人によってつくられた、まさに町人のための学問所である。

大阪メトロ淀屋橋《よどやばし》駅で降りて御堂筋を南に向かって歩くと、東側に日本生命ビルがあり、南面の壁に懐徳堂跡の記念碑がある。ここから五〇メートルほど東に、緒方洪庵が適塾を開くことになる。

懐徳堂は、大坂の五人の有力町人の出資によって創設され、以後も五同志を中心とする同志会の醵金《きょきん》やその運用利益によって経営された。受講生の謝礼（受講料）は、五節句ごとに銀一匁《もんめ》または二匁ずつ、また、貧苦の者は「紙一折、筆一対」でもよいというものだった。

懐徳堂教育の在り方を示す「宝暦八年（一七五八）定書」には、「書生の交りは、貴賤貧富を論ぜず、同輩と為すべき事」という規定が見え、学生相互の自律・自助を勧めている。商人も武士や農民と同じく義や徳をもって社会に貢献すべきであると商業活動の基本となる倫理を説き、商業活動を正当化した。

頼山陽《らいさんよう》、広瀬旭荘《ぎょくそう》、麻田剛立《ごうりゅう》など多くの知識人が懐徳堂の人々と交わった。こうした知的ネットワークの水脈が受けつがれていくことで、緒方洪庵の適塾につながっていったのである。

中井竹山と中井履軒

懐徳堂の礎をきずいたのは、中井一族だった。懐徳堂学主の二代目、四代目、五代目、六代目が中井家から出、四代目竹山《ちくざん》の頃、懐徳堂は黄金期を迎えた。

初代学主・三宅石庵《せきあん》の後、二代目学主は石庵の弟子の中井甃庵《しゅうあん》（一六九三〜一七五八）が継ぐ。甃庵は播磨国竜野藩の医家に生まれ、後に大坂に移り住んで学業の道に入った。

甃庵の長男中井竹山（一七三〇〜一八〇四）は懐徳堂の四代目学主についた。竹山は『草《そう》茅危言《ぼうきげん》』を著し、国家制度の改革案を老中松平定信に建言している。その内容は参勤交代制度の軽減、武士の世襲的特権であった俸禄制度の廃止、公的な初等高等教育機関の設置、元号の一世一元などだった。

懐徳堂文人の特色とされる合理的・近代的な学風は、竹山の弟、中井履軒《りけん》（一七三二〜一八一七）によって確立された。履軒は五井蘭洲《らんしゅう》に朱子学を学ぶが、蘭学にも興味を示し、医者で天文学者の麻田剛立と交わり、解剖図『越俎弄筆《えっそろうひつ》』（一七七三年）をまとめた。履軒はまた太陽暦の見本をつくっていた。

山片蟠桃『夢の代』という前衛

懐徳堂の逸材として真っ先に名前が挙がる山片蟠桃は、農業を営む長谷川十兵衛の次男として、播磨国印南郡神爪《かづめ》村（現・兵庫県高砂市）に生まれた。名は有躬《ありみ》。大坂に出て米仲買、大名貸しで名高い升屋平右衛門《ますやへいえもん》の別家、升屋久兵衛（蟠桃の伯父）の家を継ぎ、商才を発揮して主家の再興につとめた。天明三年（一七八三）には仙台藩の依頼を受けて藩財政の再建にも成功、主家の親類扱いによって山片芳秀《よしひで》を名のった。

懐徳堂の俊英《しゅんえい》でありつつ、経営者（企業や自治体財政の再建人）しても有能だった蟠桃のすごさについては、小松左京の評言を借りるのがいいだろう。

そのゆたかで、博い「教養」「学識」は、一方では実務経営の難事をきりぬける「実学」として遺憾なく発揮され、同時に各藩の財政を担当する上司や、大坂の大商たちの心を開き「信」をかちとるための資となり、さらに晩年になっては、その時代の社会的・経済的教訓の域をはるかにこえ、人間と人の世を、世界文明、さら宇宙の姿から観照する、あの『夢の代』の、壮大精緻な「哲学」となって開花する。

これはあまり言われていない事だが、私はこの蟠桃の姿に、資本と経営の分離が常識になった現代にまで通ずる、「経営者の理想像」の一つを見る気がする。――それは、徒手空拳から身を起し、門閥を問わず「金銀を系《けいず》」にして、機あらば容赦なく攻め、一代にして巨富をなすかと思えば、乾坤一擲《けんこんいってき》の勝負に「男の一分」を張って蕩尽《とうじん》するといった、多分に戦国武士の風をうつしたような、江戸前期の新興オーナー型大坂商人の姿と明らかにちがった、「飽和・過熱の時代」の経営者像だった。

（小松左京「山片蟠桃」）

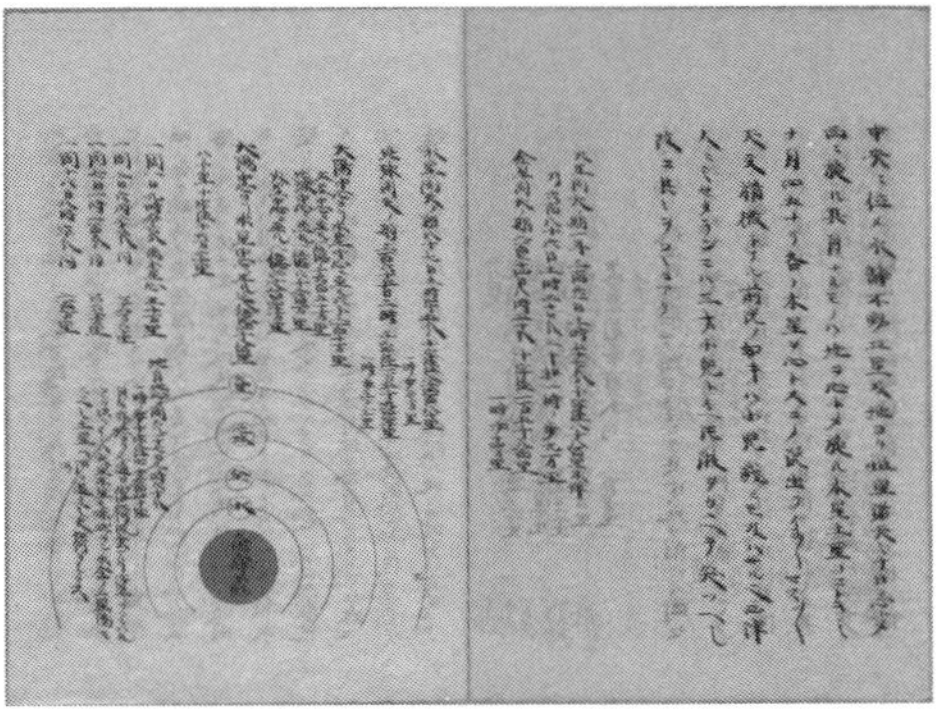

図4-3　『夢の代』の天体図。地動説が描かれている

こんな山片蟠桃の代表作『夢の代《しろ》』（一八二〇年）は、最初は『宰我《さいが》の償《つぐない》』という題を付けていたが、懐徳堂の師である中井履軒の提案で、この題に改めたのだという。

　蟠桃は地動説を確信し、『日本書紀』の応神紀以前を否定する。あらゆる俗信の否認、無鬼（霊魂・鬼神否定論）を強調した。さらに経済の自由を唱え、物価は需給の関係で決まるといい、幕府諸藩の経済策を痛烈に批判した。

　全一二巻ある『夢の代』は、一見とっつき

にくいようだが、読み出せば実に面白い書物である。（中略）

だが、どの巻にも蟠桃の鋭い批判精神、明晰な論理展開、実証精神とあいまった合理主義のいきいきとしたきらめきが行きわたっている。「凡例」で、彼はみずからの論のきびしさと圭角《けいかく》について弁じているが、その語り口には、秋成の『肝大小心録』に通ずる「老人の毒舌」があって、当時の——そしていまにも通ずる浪速商人の「意地悪な眼」のようなものが感じられるのも面白い。——「都市の批評眼」の大坂版というう所か。

（小松左京、同前）

小松左京は蟠桃のこの大著をどこから読んでもおもしろいといって、そこにもりこまれた「大坂（阪）性」を読みとりつつ、そうした定義を凌《しの》ぐ、蟠桃の思想の巨大さを指摘するのだ。

しかし、自由な乱読、ぬきよみではなく、通読する時は、そこに十八世紀大坂の「商人精神」が「時代精神」をとらえ、同時代のベンサムが唱えた「功利主義」が、経済学・実学、さらに実践哲学と展開し、朱子学の、形而上的な「天」や「理」の観念が、自然科学としての天文学・宇宙科学へ、あるいは、経験的帰納法や実証主義を通じて近代的合理主義へと発展させられ、「時代をこえて」われわれに訴えてかけてくる、堅牢な知性にすみずみまでささえられた「蟠桃の世界」が、ひらかれるのを見るだろう。

（小松左京、同前）

時代を超えた知性にたいする絶賛といってよい。小松は蟠桃と自分の仕事を、どこか重ねあわせてみていたのではないだろうか。

「番頭」としての蟠桃

現代における蟠桃の評価としては、司馬遼太郎の提唱で、昭和五七年（一九八二）に山片蟠桃賞が、大阪府に設けられている。この賞は「日本文化の国際的通用性を研究した国外の学術者に授与する賞」で、第一回はドナルド・キーン、第八回はテツオ・ナジタ、第二〇回はジョン・ダワーが受賞している。

この賞の提唱者である司馬遼太郎は『街道をゆく26』の「仙台・石巻」で、仙台藩の藩財政をたてなおした人物として蟠桃の話をしている。そこで司馬は、蟠桃の号が「番頭」に由来しているという逸話から話をひろげていく。

この号ひとつをみても、蟠桃がユーモリストだったことがわかる。しかも、当時の既成思想に対し、コペルニクス的な（語呂あわせのようだが、かれは地動説の論者でもあった）創見をのべつつも、社会のアウトサイダーでもなく、乱臣賊子でも無頼漢でもなかった。

蟠桃は町人ながらもその主家に対し、精忠無比な番頭さんで終始したひとである。番頭さんであることが誇りでもあった。江戸や諸藩の学者たちは、山片蟠桃が碩学《せきがく》であることをきいて、

――何藩の儒官だろう。

と思わぬでもなかったろう。蟠桃は、そういう場合、

「私は大坂の升屋の番頭です」

と、ひらたく、正確に認識してもらいたく、そのための号だったかと思える。

（司馬遼太郎「仙台・石巻」）

司馬はさらに蟠桃の学問を評価してこのようにのべる。

かれは、人間や万物の生命を唯物的な自然哲学でとらえた。たとえば人間は生《せい》あるときは旺盛な精神作用をしているが、死によって肉体が消滅するとともにそれはおわる。死後もなお精神作用がのこるのを鬼《き》（ばけもの）とか霊《れい》とかというがそういうものは存在しない、という。（中略）

蟠桃は、神道は人間のまごころだという。かれによれば、鬼神は存在しないが、われわれが服装をととのえ、精神の折目をただし、うやうやしくへりくだって神や霊をまつるときには、神や霊は現前に在《い》ますがごとくにある、という。つまりは神は人間のまごころのあらわれであり、確かめでもある、という意味のことをいうのである。

（司馬遼太郎、同前）

小松左京と司馬遼太郎から破格というべき賞賛を浴びた知識人が、番頭を自負していた。難解と思える思想も、現実主義、合理主義の極致ともいえ、どこかで「経営」と結びついていたところに、大阪の学問の奥深さを感じるのだ。

天才肌の町人学者・富永仲基

懐徳堂出身者のなかでも、富永仲基は天才の名をほしいままにした。

仲基は江戸中期、大坂尼崎町（現・中央区今橋三丁目）の醤油醸造業で、懐徳堂創建の五同志の一人道明寺屋吉左衛門（富永芳春《よしはる》）の三男として生まれる。通称は道明寺屋三郎兵衛。

仏教の本質と歴史を論じた『出定後語《しゅつじょうごご》』（一七四五年）を著した。この著作はその後、本居宣長や平田篤胤《あつたね》が着目したものの、明治時代の中期に東洋史家・内藤湖南《こなん》が独創的な思想家のひとりと評価するまで、忘れられた思想家だった。

『出定後語』は宗教や倫理の形骸化を指弾し、現実に生きる「誠の道」を提唱。思想の特色を規定する民族性、「くせ」に着目し、インドの神秘的、中国の修辞的、日本の閉鎖的傾向を指摘した。とくに思想や主張は過去の思想や主張を上書きし、その際に加工・ヴァージョンアップがなされてきたという「加上《かじょう》」説は、きわめて独創的なものである。

編集工学者・松岡正剛《せいごう》（一九四四〜二〇二四）の「千夜千冊」に『出定後語』についてく

わしく語った一夜がある。

たしかに仲基の著作や考え方には天才の片鱗がいろんなところに出ていると思います。それは知識の披露にあるのではなく、方法の開示に、とくに「日本語による仏教感覚」を開示したいという方法的冒険についての熱情が漲《みなぎ》っていたことにあるのだと思います。ぼくは仏教思想をおもしろく語るには、むしろ思想の解読力よりも仏教感覚をもっと磨いたほうが高速になれるんじゃないかと思っているのです。

富永仲基、実際にはとても静かで、少し短気だったらしいのですが、それも天才の気質の領分だったでしょう。やはりもう少し長生きさせてみたかったと思います。

（「松岡正剛の千夜千冊　1806夜『出定後語』富永仲基」）

また、浄土真宗僧侶で宗教学者の釈徹宗《しゃくてっしゅう》は『天才　富永仲基——独創の町人学者』を著し、独自の手法で仏典を解読し言語論や比較文化論を駆使した、仲基の天才性にせまっている。仲基は『出定後語』刊行の翌年、三二歳の若さで亡くなった。しかしその業績は、現在も見直されつづけている。

図4-4　重建懐徳堂学舎

近代に再開された懐徳堂

明治二年（一八六九）、懐徳堂は一四五年の歴史に幕を下ろした。最後の学主となった並河寒泉《なみかわかんせん》（一七九七～一八七九）は去るに当たり、「百余り四十路四とせのふみの宿けふを限りと見かへりて出づ」という歌を書いて、門前に掲げたという。

いったん幕を閉じた懐徳堂の再興を求める運動が四〇年を経て沸き起こり、明治四三年に懐徳堂記念会が設立され、大正五年（一九一六）、重建懐徳堂として再興された。中心的役割を果たしたのは朝日新聞記者（のちに京都大学講師）の西村天囚《てんしゅう》と中井竹山の曽孫の中井木菟麻呂《つぐまろ》で、木菟麻呂は中井家の膨大な資料を提供した。

戦後、懐徳堂関係資料、書籍や器物など三万六千点が大阪大学に寄贈され、現在は大阪大学附属図書館（豊中市）に懐徳堂文庫として保管されている。大阪大学は懐徳堂の精神を現代に生かすため、「21世紀懐徳堂」と名付けた教授陣による市民講座を開いている。

知的ネットワークを組織した木村蒹葭堂

作家の芥川龍之介（一八九二〜一九二七）に、三人の人物をとりあげた「僻見《へきけん》」（一九二四年）という随筆がある。そのうちの一篇「木村巽斎《そんさい》」は、近世大坂随一の自由な趣味人《ディレッタント》、木村蒹葭堂《けんかどう》（一七三六〜一八〇二）を京都帝室博物館（現・京都国立博物館）の一室で〝発見〟したことからはじまる。

> 僕はこの山水を眺めた時、たちまち厚い硝子越しに脈々たる春風の伝わるのを感じ、さらにまた胃嚢《いろう》に漲った酸の大潮のように干上がるのを感じた。木村巽斎、通称は太吉、堂を蒹葭と呼んだ大阪町人は実にこの山水の素人作者である。
>
> （芥川龍之介「僻見」、表記は変えてある）

代々酒造業を営んでいた木村蒹葭堂は、幼時より植物に親しみ、本草学者小野蘭山《らんざん》に入門する。そのほか絵画を池大雅《いけのたいが》に学び、篆刻《てんこく》、詩文を教わり、煎茶にも通じた。書画骨董

図4-5　木村蒹葭堂邸跡碑

や珍品奇物の収集と考証につとめ、博学多識をもって聞こえた。二五歳の頃、邸内に井戸を掘っていたとき、古い芦の根が出てきたため、これこそ古歌で名高い浪速の芦であろうと、自宅の書斎を「蒹葭堂」と名づけ、号としても用いた。西区北堀江、大阪メトロ西長堀駅のすぐ近く、大阪市立中央図書館の南東角に木村蒹葭堂邸跡碑と顕彰板があり（実際の屋敷跡は大阪市西区北堀江四丁目付近）、船場からは離れたこのあたりにも、大坂の知の拠点があったことをしのばせる。

蒹葭堂は、芸術や学問は趣味だと公言した。豊かな経済力にものをいわせ、和漢の瀟洒な書籍を自費出版し、書籍、書画、金石、器物、地図、古銭、動植物、美術装飾品などを買い漁り、内外の多様な品目をコレクションしはじめる。しかしコレクションを独り占めにせず、だれにでも公開し、貸し出している。

蒹葭堂が残した日記には、来訪者の名前が記され、当時の知的ネットワークをうかがうことができる。大坂人ばかりでなく、各地から名士が来訪し、知識人が交流するサロンの中心的な存在だった。来訪者は延べ九万人におよび、増山雪斎《ましやませっさい》、松浦静山《まつらせいざん》の大名、田能村《たのむら》竹田《ちくでん》、池大雅、与謝蕪村《よさぶそん》、円山応挙《おうきょ》、伊藤若冲、谷文晁《ぶんちょう》らの画家、中井竹山、頼春水《らいしゅんすい》、頼山陽、上田秋成《あきなり》、本居宣長、橋本宗吉、杉田玄白らの学者が含まれる。とくに交友の深かったのは上田秋成で、二歳年長でほぼ同年代を生きた秋成との交友は三〇年におよんだという。

また、宝暦一四年（一七六四）の第一一回朝鮮通信使を片山北海《ほっかい》、細合半斎《ほそあいはんさい》、上田秋成とともに接遇した。江戸参府のつど大坂を訪れるオランダの商館長や随従の医師とも交流し、オランダ語やラテン語にも通じた。

蒹葭堂の博物コレクション

蒹葭堂は死後、小橋《おばせ》（現・天王寺区餌差町《えさしまち》）の大應寺《だいおうじ》に葬られた。彼のコレクションは幕府も注目するところで、養嗣子《ようしし》坪井屋吉右衛門に五〇〇両を下賜《かし》し、蔵書・物産標本類は幕府に収納された。

大阪市立自然史博物館に木村蒹葭堂貝石標本とされる博物コレクションがあり、これらはじつは昭和四四年（一九六九）に発見された。このコレクションは奇石標本と貝類標本の二組があり、奇石標本（化石、岩石、鉱物などの地学的資料）は、黒柿製とされる六段の重箱に収められ、貝を主とする生物学的資料は、赤味のある潤漆塗りの七重箱に収められている（貝石標本は特別展などの機会に公開される）。

図4-6　木村兼葭堂貝石標本

兼葭堂はコレクションを通じて、現代にも多大な刺激をあたえつづけているのである。

緒方洪庵の適塾と天然痘との戦い

緒方洪庵の私塾「適塾」は天保九年（一八三八）に開学された。住居、診療所、教室、合宿所を兼ねた施設で、大阪大空襲のなか、奇跡的に焼け残っている。現在は大阪大学が管理し、国の重要文化財となっている。大阪メトロ御堂筋線淀屋橋駅から徒歩約五分、公園化された敷地に洪庵の銅像がある。

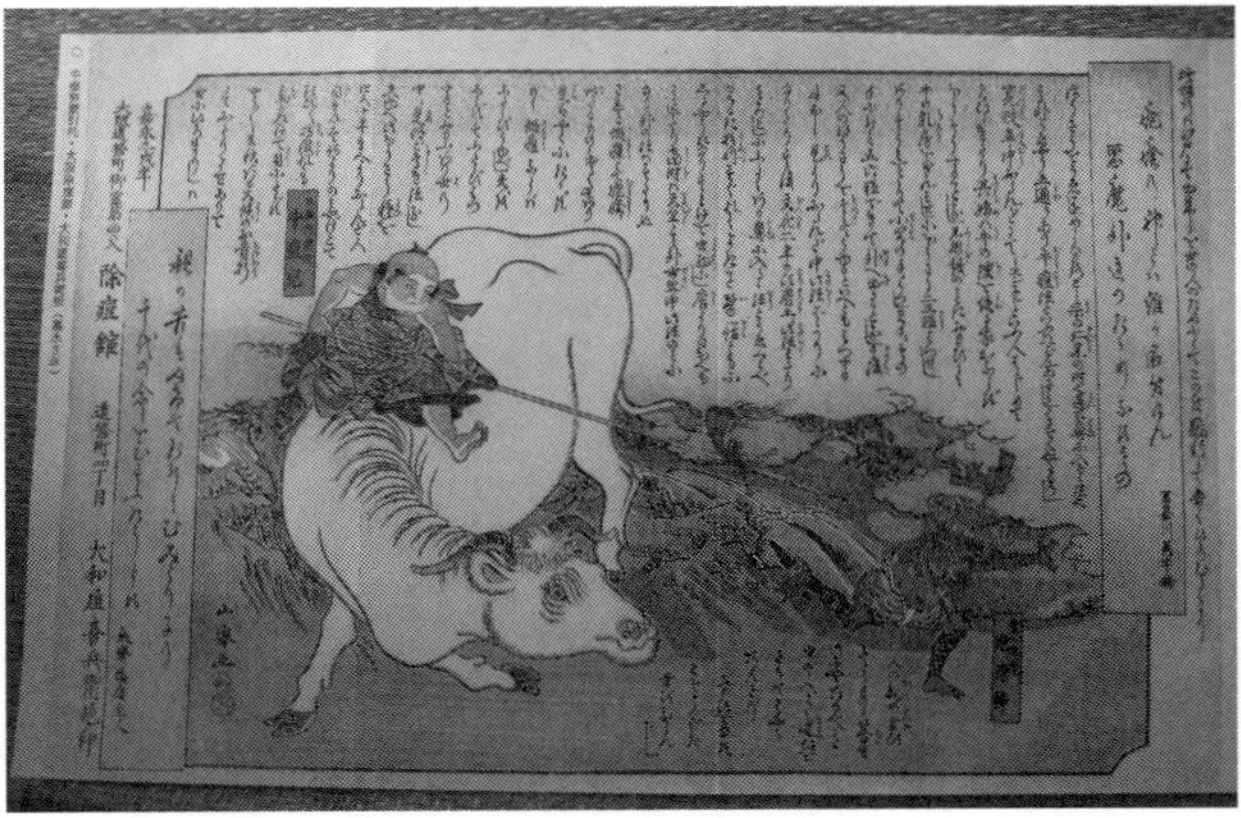

図4-7　除痘館種痘錦絵

緒方洪庵はもっぱら適塾を開き、門弟をそだてたことで知られるが、嘉永二年（一八四九）には大和屋喜兵衛の出資で古手町《ふるてまち》に「除痘館《じょとうかん》」を設立し、種痘（天然痘の予防接種）をはじめたことも特筆すべきだろう。

当時、毎年人口の一パーセント以上が天然痘で失われたといい、洪庵も文化一四年（一八一七）に感染したが、軽くて済んでいる。イギリスの医学者エドワード・ジェンナーが一八世紀末に開発した牛痘種痘法が、嘉永二年（一八四九）にようやくバタビア経由で輸入された。安政五年（一八五八）、二度目のコレラ流行で大坂では一か月に一万人が死亡する事態となり、洪庵はコレラの治療法をまとめて『虎狼痢治準《ころうりちじゅん》』として出版する。

図4-8　適塾と緒方洪庵像

除痘館は、慶応三年（一八六七）に幕府の官営に移管されるまで、医師や奉行所の支援、民間の資金により、無償の社会奉仕として継続された。現在は除痘館跡の緒方ビル四階に除痘館記念資料室（緒方洪庵記念財団）が開設され、一般に公開されている。

　教育者としての洪庵は、塾生を成績だけで序列化する、完全な実力主義を貫いた。近代軍隊の創設を目指した大村益次《ますじ》郎《ろう》、日本赤十字社の創設者・佐野常民《つねたみ》、統計学者の杉享二《こうじ》、志士・橋本佐内、外交官・大鳥圭介、初代衛生局長・長与専《ながよせん》斎《さい》、同愛社の高松凌雲《りょううん》、福沢諭吉ら、千余名を世に送りだしている。

また、洪庵の妻・八重《やえ》も、適塾関係者として忘れてはならない。

摂津国名塩（兵庫県西宮市）で医師・製薬業を営む億川百記《おくかわひゃっき》の長女として生まれた八重は、和歌をたしなみ、製薬方から看護術まで身につけていた。そして、適塾に常時寄宿していた六〇名近く書生の世話をこなしたのだった。洪庵とのあいだに、七男六女の一三人の子をもうけ、四人は夭折《ようせつ》したものの、次男の惟準《これよし》をオランダ、三男の惟孝《これたか》をロシア、五男の惟直《これなお》をフランスへ留学させている。晩年の八重は、適塾に近い元の除痘館の建物を隠居所とし、余生を送った。

明治二年（一八六九）、洪庵の息子惟準を院長として設立された大阪仮病院と、オランダ人医師ボードインを迎えて惟準はじめ適塾門人らを中心として設立された大阪医学校は、曲折を経て大阪帝国大学医学部へ発展する。

手塚良仙と手塚治虫

適塾で学んだもののひとりに、漫画家・手塚治虫の曽祖父・手塚良仙《りょうせん》（または良庵、一八二六～一八七七）がいる。江戸の蘭方医・常陸国府中藩医の手塚良仙（手塚光照《みつてる》）を父に生まれ、適塾に入門。江戸に帰り、伊東玄朴《げんぼく》・大槻俊斎《おおつきしゅんさい》らと図って、お玉ヶ池種痘所設立。

幕府歩兵屯所付医師となり、維新後、大日本帝国陸軍軍医となる。西南戦争に従軍、九州で赤痢《せきり》に罹り、長崎陸軍病院にて死去した。

手塚治虫には曽祖父を主人公とした歴史漫画『陽だまりの樹』（二〇〇八年）があり、適塾の師弟関係や塾生たちの生活がいきいきと描かれている。

大阪府豊能《とよの》郡豊中町（現・豊中市本町付近）に生まれた手塚治虫は、大阪府立北野中学校（現・大阪府立北野高等学校）を経て、昭和二〇年七月、大阪帝国大学附属医学専門部に入学。入学前の六月には、勤労奉仕中に大阪大空襲に遭遇する。在学中に、四コマ漫画『マアチャンの日記帳』で漫画家としてデビュー。『新寶島《たからじま》』のベストセラーで大阪に赤本ブームを起こした。漫画雑誌に登場すると、『鉄腕アトム』『ジャングル大帝』『リボンの騎士』といったヒット作を次々と世に送り、その後も、『ブラック・ジャック』『火の鳥』『アドルフに告ぐ』など傑作を生みだした。

曽祖父でつながり、また医学を学んだ手塚治虫には、適塾と除痘館の精神が流れこんでいるのかもしれない。

大坂・大阪の学問はつねに実学を志向しつつ、しかも自由でしなやかであった。知的であることは、大いに自慢すべき大阪の個性なのである。

3　市井がはぐくんだ民俗学

折口信夫の大阪への愛憎

浪速区敷津《しきつ》西の鴎町《かもめまち》公園内に国文学者・歌人・民俗学者として知られる折口信夫《おりくちしのぶ》（一八八七～一九五三）の生誕の地を示す記念碑が建っている。折口（歌人としての筆名は釈迢空）は、医者と生薬・雑貨を売る商家を営む折口秀太郎の四男としてこの地で生まれた（当時は大阪府西成郡木津村）。大阪府第五中学校（後の天王寺中学、現・大阪府立天王寺高等学校）を卒業した後、國學院大學に進み、大阪府立今宮中学（現・今宮高等学校）の教員を経て上京し、学者の道を進む。

図4-9　折口信夫

その学風は、古代から現代に至る日本人の

心の伝承をとらえようとしたもので、研究の領域は国文学、民俗学をはじめ、神道学、国語学、芸能史の面におよんだ。おもな著書に『古代研究』（一九二九～一九三〇年）ほかがある。

折口の学統は、折口が長く東京の國學院で教鞭をとったせいもあり、大阪でつづいているとはいえない。しかし、幼少年時代に大阪の下町文化（仏教・浄瑠璃・歌舞伎など）を浴びたことは、折口の文学性に大きな影響をおよぼしている。ただ折口は、大阪にたいしてアンビバレンツな感情を抱いていたようで、こんな複雑な感慨をもらしてもいる。

大阪が好きなんだけれど、その好きな内容が、説明出来ないから黙っているといった風に、殺風景に解釈してもわかるだろう。それほどに大阪びとは、町びととしては、世の中から嫌われている。それに対して、この程度の歌が支えになってもならなくても、作らなければいられなかったのである。

（折口信夫「自歌自註」、表記は変えてある）

愛憎半ばするような折口の大阪にたいする感情は、折口が大阪を代表する文学者とみられにくい理由かもしれない。しかしまごうことなき、大阪的な知識人、教養人として、地元大阪での評価の機運をもりあげたいものである。

町を学びの場とした宮本常一

宮本常一は山口県大島郡家室西方村《かむろにしかた》（現・周防大島町《すおう》）に生まれ、一五歳のとき大阪に出て、逓信《ていしん》講習所で学んで郵便局員になる。郵便局勤めのかたわら、大阪府天王寺師範学校（現・大阪教育大学）の第二部と専攻科で学び、大阪府下の小学校、奈良県郡山《こおりやま》中学校教員を歴任。昭和一四年（一九三九）に、渋沢栄一の孫・渋沢敬三《けいぞう》の主催するアチック・ミューゼアム（現・神奈川大学日本常民文化研究所）の研究所員となり、全国各地の民俗調査をおこなう。独特の民俗学を確立するとともに、民衆の日常生活道具・器物を調査・研究する民具学を提唱。また、各地で農業および生活改善にかかわる教育指導を実践した。

図4-10　宮本常一

宮本常一は高麗橋《こうらいばし》郵便局に勤めはじめた大正一三年（一九二四）に局に近い釣鐘町《つりがねちょう》（現・大阪市中央区）にある長屋の一間に間借りした。この長屋に住む人々のほとんどが字を知らなかった。宮本はこの人たちの代筆をするようになり、また、手紙を読んであげたという。長屋の住人たちの生きざまは宮本の心に深く刻まれ、「都市」の生活に関心を持つようになったのもこのときの体験によるという。

宮本は同じ頃、大阪の大きな橋の下に、筵《むしろ》で小屋掛けをした人びとが大勢住んでいるのを見つけた。宮本は、こうした人たちの生活を向上させる方法はないのか、慈善事業としてではなく、自分たちで立ちあがっていくような道はないものかと考えたという。つまり宮本常一にとって最大の学びの場は庶民が暮らす市井、大阪の町にほかならなかったのである。

第5章　非主流——抵抗と批評の精神

1　大塩平八郎の民衆主義

オルタナティブな位置から

大阪の実態を突き止めるため、非主流であることを指摘したい。非主流とは世の趨勢におもねらず、独自の道を行くといった意味で、現代風にいうと「オルタナティブ(alternative)」になる。「傍流」といってもいいが、傍流に見えるものがじつは核心をついていることがある。

東京中心主義への反発といった二項対立的な構えではなく、社会が正統だと認めているものにたいして距離を置き、疑問を呈すること。ブームに乗らず、信じる道を歩くことで、社会を覆っている常識に対し、知らず知らずのうちに楔《くさび》を打ち込んでいる。

それは政治的には反乱のような形をとる。いっぽう、文化におけるオルタナティブは、強い自己主張やこれみよがしの反撥《はんぱつ》ではなく、そうとは気づかれにくい細やかな抵抗の形をとるかもしれない。

図5-1　大塩平八郎終焉の地碑

大阪の非主流、オルタナティブを体現した存在として、最も派手に、世の主流に背いた大塩平八郎（一七九三〜一八三七）を最初に取り上げることにしよう。

陽明学にもとづく行動

大阪メトロ四つ橋線本町駅から徒歩約三分の靭《うつぼ》公園に「大塩平八郎終焉の地」と刻まれた石碑がある。「救民」の旗を掲げて武装蜂起した大塩平八郎は、現在の西区靭本町に潜伏したが、約四〇日後に幕吏《ばくり》に取り囲まれて、自ら爆死した。

　平成九年（一九九七）に、天理教飾大分教会の敷地内に建てられ、同教会の改築に伴い、一〇〇メートルあまり離れたこの公園内に移設された。

父は平八郎敬高、母は大西氏。出生地には大坂天満と阿波美馬郡の二説がある。幼くして両親を失い、与力《よりき》（諸奉行・大番頭がしら・書院番頭などの支配下でこれを補佐する役）だった祖父の後を継いだ。

大坂町奉行与力として東町奉行高井実徳《さねのり》に重用され下記の三大功績をあげている。豊田貢《みつぐ》らキリシタンを検挙、四ヵ所非人と結んで不正を働いた西町奉行所筆頭与力弓削《ゆげ》新右衛門《しんえもん》を処断、破戒僧数十名を遠島の刑に処した。高井山城守の転任に際し退職隠居し、天満川崎四軒屋敷に開いていた家塾洗心洞《せいしんどう》で教学につとめた。洗心洞跡は北区天満一丁目二五の造幣局官舎内にある。

平八郎の陽明学は経書の解釈において、また、中国・宋明時代の儒者の著作の博引ぶりにおいて幕末の儒林で有数のものであり、政治刷新をふくむ独自の学風を築きあげた。その中心思想は「知行合一」（行動が一致して初めて知が生きる）で、「正義と私利、誠と嘘いつわり、その境目をごまかしてはならない。口先だけで善を説くことなく、実践しなければならない」というものである。

大塩邸には講堂と塾舎があり、塾生は四〇人から五〇人いたという。禁欲的な平八郎は与力時代には午前二時に起床して身を清めて武芸に励み、朝食後の五時に門弟に講義。その後に出勤して夕方には就寝といった生活を送った。近隣の村や町場に出講し、また、摂津高槻、近江大溝《おうみおおみぞ》、伊勢の津にも赴いて諸藩士とも交流。門弟には、奉行所の与力・同心、医師の子弟や淀川左岸の摂津・河内の豪農が加わった。

天保の大飢饉と大坂の窮状

天保四年（一八三三）から四年つづいた冷害や洪水で全国的な米の大凶作となり、「天保の大飢饉」で町に餓死者があふれた。

餓死者は三〇万人を越え、全国各地で一揆や打ち壊しが多発。大坂では豪商たちが米を買占めたので、米価は六倍にもはねあがり、市中でも餓死者が出た。ただし、奉行所側も無策だったわけでなく、堂島米取引不正禁止令、市中小売米価引下げ令、官米払い下げ施行などの米価対策をおこなっていたという。

陽明学の「万物一体の仁」（すべての人間の価値は等しく、他者を大切にするべきであるという考えかた）の立場から、この惨状を傍観できなかった大塩は東町奉行・跡部良弼《あとべよしすけ》（水野忠邦の実弟）にたいして、幕府が保管する蔵米の開放や、豪商の米買占め中止を要請した。しかし、これを拒まれると、大塩は蔵書を売った六百数十両で、困窮者に金一朱《しゅ》と交換できる施行札を配布。さらに豪商・鴻池に、自分と門人の禄米《ろくまい》を担保に一万両の借金を申し込んだものの、跡部の根回しで拒絶されてしまう。

天保七年九月、大塩は妻と離縁し、門弟や養子の格之助《かくのすけ》に武装蜂起の計画を打ち明ける。「世の中が困窮すると天は絶える。能無しの人物に国を任すと災害が襲いかかると古の聖人も後世の君臣に戒めている」ではじまる檄文《げきぶん》を近隣の農村に送りつけ、悪徳商人に天誅《てんちゅう》を加え、隠し金銀や米を与えると伝えた。さらに大塩は檄文を摂津、河内、和泉、播磨などの村役人に送って同調をうながした。天保八年一月の連判状には三〇余名の門下生（うち与力、同心一一名）のほか、農民、職人、医師、神官などが名を連ねた。

「救民」の旗を掲げて

天保八年（一八三七）二月一九日、朝八時、ついに大塩は反乱の兵を上げる。

当初の計画では、東町奉行・跡部良弼が新任の西町奉行・堀利堅《としかた》を案内して天満を巡回し、七つ時（午後四時）、天満組与力朝岡助之丞《すけのじょう》邸で休息している所に大砲を撃ち込み二人を爆死させ出撃する予定であった。しかし計画が奉行所に漏れたため、午前八時に「救民」

図5-2　『出潮引汐奸賊聞集記』に描かれた大塩平八郎の乱

と染めた旗を先頭に二門の大砲をひき、二十数名の軍団で出陣した。

天満に上がった火の手を合図に近郊の農民も駆けつけ、大川沿いを西へ向かう頃には軍勢は一〇〇名程になった。正午頃には途中から駆けつけた農民や町民が加わり軍勢は三〇〇人を超えた。軍勢は鴻池善《ぜん》右衛門《えもん》や三井呉服店、天王寺屋五兵衛《ごへい》などの豪商の屋敷を次々に襲撃し、火を放ち、奪った米や金銀を貧しい人たちに配った。

しかし正午になると、準備を整えた幕府軍二〇〇〇名が反撃を開始。大塩軍は大量の砲撃を浴びて淡路町に退き、夕刻には鎮圧された。

蜂起に参加した門弟や農民たちは大半が

捕えられたが、大塩平八郎と格之助は行方をくらまし、靱油掛町《あぶらかけちょう》（現・西区靱本町）の染物職人・美吉屋五郎兵衛方に潜伏する。しかし、乱から四〇日後の三月二七日、所在を突きとめられた二人は爆薬を抱え自決。平八郎享年四五歳、格之助享年二七歳だった。

鎮圧後の反応

大塩の乱の評定（裁判）は江戸と大坂でおこなわれた。取調中に五〇名あまりが牢死、自殺者も七名におよんだ。大塩平八郎をはじめ首謀者一九人の死骸は塩漬けにされたのち、見せしめとして、はりつけに処された。

幕府は市中の大塩賛同者一〇数名を逮捕。また、大坂周辺の村に平八郎の檄文を差しだすよう命じたが、農民たちは従わず、厳しい回収令にもかかわらず檄文は民衆によって筆写を重ね、全国に流布した。乱から二か月後には広島・三原で「大塩門弟」を名乗る一揆がおこり、半年後には越後で国学者・生田万《よろず》が反乱をおこしている。

江戸時代は大罪人の大塩親子の墓は許されず、ようやく明治の半ばに、子孫の手で、大塩家の菩提寺《ぼだいじ》、天満の成正寺《じょうしょうじ》に建立された。

ところで司馬遼太郎は、大塩平八郎にたいしては点が辛かった。

大塩は幕府の下級行致官でありながら幕府に対し武装蜂起した。しかも大塩は奇《き》矯《きょう》な性格のもちぬしではなく、その現職当時は能史といわれたほどの男であり、さらに若気ともいえぬ年齢であった。齢は四十三になっていた。それほどに常識的世界の男が、まるで衝動のような突然さで、反乱をおもい立ったのである。たれ《ママ》がみても反乱をおこして勝てるような時代でなく、成算なども万に一つもなかった。それでもおこすというのがこの学派の徒であった。この学派にあっては動機の至純さを尊び、結果の正否を問題にしない。飢民をみれば測隠《あわれみ》の情をおこす。そこまでが朱子学的世界における仁《じん》である。陽明学にあっては側隠の情をおこせばただちに行動し、それを救済しなければならない。救済が困難であってもそれをしなければ思想は完結せず、最後には身をほろぼすことによって仁と義をなし、おのれの美を済《な》すというのがこの思想であった。大塩は乱をおこし、このため市中の焼けること一万八千戸、ついに捕吏に包囲され、自殺した。

（司馬遼太郎『殉死』）

司馬は、庶民の側に立った行動派とみられる大塩を、学問に殉じ、自分が信じたイデオロギーに人びとを巻きこんだというふうにみている。

天満宮の再建と砂持神事

大塩の乱による火災は翌朝までつづき、折からの強風で大坂の五分の一に当たる二万戸の家屋を焼きつくした。俗にいう「大塩焼け」である。七万人を超える人が焼けだされ、焼死者は二七〇人を超えたという。天満宮の社殿も全焼し、その復興のため、天保九年(一八三八)四月二四日から五月末まで、仮殿建設の砂持神事《すなもちしんじ》がおこなわれた。砂持は川をさらった砂を運んで、寺社地を整える行事である。

大坂を代表する天満宮の砂持とあって、氏子だけでなく、鴻池善右衛門などの豪商や蔵屋敷の侍も踊りに参加し、仮装や音曲が繰り広げられた。騒ぎが評判になり、見物人が集まったが、奉行所は、民衆のために蜂起した大塩平八郎を討伐した後ろめたさから止めようとしなかった。江戸時代の仮装行列の起源は、自害した平八郎に報いる祭だったのである。

天満宮の砂持神事を描いた『菅祠献土画巻《かんしけんどがかん》』の「石橋図《しゃっきょうず》」(長山孔寅《こういん》画)には、頭に扇と

図5-3　石橋図。牡丹に戯れる獅子の姿が表現されている

牡丹《ぼたん》の作り花と赭熊《しゃぐま》（赤い毛のかぶり物）をつけた男たちが、大きな牡丹の花車のまわりで踊るようすが色鮮やかに活写されている。

大塩平八郎にたいする後世の評価には賛否がある。大坂の町を焼いてしまったこともあり、司馬遼太郎も大塩には批判的だった。やはり大坂を築いた蓮如や秀吉と比べると、分が悪いようである。しかし、短時間で鎮圧されたとはいえ、政治家や商人の腐敗を追及し、結果的に自爆した大塩は、その行動指針に学問的蓄積があった点でも、見直されるべき時代にきているのではないだろうか。

2　主流に背を向けた文学

傍流に見えて主流

オルタナティブとは、英語で「代替の」「代わりとなる」「二者択一の」を意味するが、音楽の世界では、主流とは一線を画すような新たな音楽の方向性を指す意味で「オルタナティブロック」のような言いかたで用いられた。

「主流から一線を画す」姿勢は、大阪にゆかりのある多くの文学者に見られるものである。そうした文学者の代表として、まず近世から上田秋成（一七三四〜一八〇九）に登場してもらう。そこから近代文学、戦後文学の作家のうち、主流にたいし細やかな抵抗を試みた人びとを紹介していくことにする。

上田秋成の思想の独自性

大阪市淀川区、ＪＲ東西線加島駅から北に八分ほど歩いたところにある香具波志《かぐはし》神社

図5-4　上田秋成

は、江戸時代まで加島稲荷とも呼ばれていた。『雨月《うげつ》物語』の作者・上田秋成は、五歳のとき、重い疱瘡《ほうそう》（天然痘）に罹り生死をさまよったが、養父茂助の加島稲荷への祈願により一命を取り留めた。以後、秋成は生涯にわたって加島稲荷への参詣を欠かさなかったという。安永二年（一七七三）から三年ほどここに住み、医者の修業をしながら国学の研究にいそしむとともに、神職の息子に『古今和歌集』などの古典の講義をおこなった。また、六八歳の年には、六八首の和歌帖を奉納している。

　上田秋成は国学者、歌人、茶人と多彩な顔をもつ。幼名仙次郎、通称東作《とうさく》、号は秋成、無腸など。大和国樋野《ひの》村（現・奈良県御所《ごせ》市）出身のヲサキの子として曽根崎《そねざき》新地で生まれ、四歳のとき堂島永来町《えらまち》で紙油商を営む「嶋屋《しまや》」の上田茂助の養子となる。懐徳堂で五井蘭洲に国学を学んだ可能性が指摘されている。

　明和三年（一七六六）三三歳のとき、『諸道聴耳《しょどうききみみ》世間猿《せけんざる》』、翌年には『世間妾形気《せけんてかけかたぎ》』を和訳太郎の名で刊行。明和五年には、中国の白話小説を翻案した怪談小説集『雨月物語』を剪枝畸人《せんしきじん》の名で書きあげた（刊行は八年後の安永五年［一七七六］）。

オルタナティブなだけではなく、多様な側面をもつ秋成の評価については、小松左京の言を借りることにしよう。

この秋成が、当時賀茂真淵門下として急速に頭角をあらわしつつあった本居宣長と、「古事記」や古典の解釈をめぐって、猛烈な論争をやった事は案外知られていないが、この論争を調べているうちに、秋成の「思想基盤」の独自さ、そしてその背景になる当時の「大阪思想・哲学」の、日本の思想界における独自さが、浮き上がってくるような気がした。かいつまんでいうと、宣長が昭和の日本浪漫派まであとをひく、大変土着的でファナティックな国粋思想の鼻祖であるのに対して、秋成は大変な「常識人」である。一方では、『雨月物語』や『春雨物語』のような怪奇なロマンを書きながら、彼自身には、ファナティックなところがなく、また人に「狂気」の毒をふき込んで狂わせんところが毛頭ない。

（小松左京「大阪の未来のために」）

秋成にたいしてこれほどまでにみごとな評価はほかにない。しかも小松左京は、ここで「大阪」の独自さまでを言い得ている。常識人だけれど、どこかがずれていること。そのふり幅はひとそれぞれだが、大阪人のオルタナティブはそんなところに現われるように思える。

「大阪弁」をめぐって

大阪ことば、大阪弁がネイティブで、標準語（東京語）による発想とは異なっていることが、意識するにせよしないにせよ、オルタナティブな方法や、文体を生みだしているのではないか。そこでここから少し、近現代文学のなかで語られる「大阪ことば」に着目したい。標準語という名の関東ことばにたいする、大阪弁の非主流性を説いてみたいと思うのだ。

近現代の大阪を代表する作家として、まず名前が上がるのは、〝織田作〟こと織田作之助（一九一三〜一九四七）である。代表作『夫婦善哉』は映画化やドラマ化もされ、主人公のひとり維康柳吉《これやすりゅうきち》は、「だらしないけど、人がええ」、大阪のぼんぼんの典型として愛されてき

図5-5　織田作之助

た。織田作の戯作調の文体は井原西鶴ゆずりとされ、また織田作之助賞という文学賞まである。私自身も若い頃は織田作が好きで、「木の都」（一九四四年）の舞台となった上町台地の坂道を、登ったり降りたりしたことがある。

しかし織田作の大阪ことばが、本当に大阪らしい大阪ことばかというと、文学者のあいだでも評価がわかれるところだ。

福岡生まれで、大阪宗右衛門町《そうえもんちょう》で育った宇野浩二《こうじ》（一八九一〜一九六一）は、奈良市に生まれ、父親が宮司を務めていた多田神社のある兵庫県多田村（現・川西市）で育った上司《かみつかさ》小剣《しょうけん》（一八七四〜一九四七）の小説「鱧《はも》の皮」（一九一四年）に対して次のように述べている。

この小説（『鱧の皮』：筆者注）の特色は、作ちゅうの人物たちのつかう大阪の言葉が実に巧みな事である、（大阪の庶民のつかう大阪の言葉をもっとも巧みにこなしているのは、私のせまい読書の範囲で知るかぎりでは、織田作之助であったけれど、そこに織田の好みがはいっていたのが疵《きず》であったから、今のところでは、小剣の右に出づるものはない。
（宇野浩二「解説」、表記は変えてある）

大阪ことばの使い手として真っ先に名前があがる織田作に、宇野は厳しい目を向ける。ちなみに上司小剣の「鱧の皮」は道頓堀にある小料理屋における日常を描いた作品だが、こんな台詞回しは、大阪ことばとして絶妙だ。

「ここへも電気点けんと、どんならんなア。阿母《おか》アはんは倹約人《しまつや》やよって、点けえでもええ、と言やはるけど、暗うて仕様がおまへんなをツさん。……二十八も点けてる電気やもん、五燭を一つぐらい殖《ふ》やしたかて、何んでもあれへん、なアをツさん。」
（上司小剣「鱧の皮」、表記は変えてある）

宇野浩二は、大阪府立天王寺中学校（現・天王寺高等学校）を卒業後、早稲田大学英文学科予科に入学（中退）。広津和郎《かずお》の紹介で『蔵の中』を発表し、『苦の世界』『子を貸し屋』などで大正文学の中心作家となった。そんな宇野自身も、大阪ことばのすぐれた使い手だった。宇野の小説で最も大阪弁が縦横に駆使されているのは、「長い恋仲」（一九一八年）だろう。

僕はどきんとしたな、ちょうど三寸ぐらいの小さい真鍮《しんちゅう》の槌《つち》があるな、（と、そんなことを突然云うたかて、君には分らんやろがな、それは何に使うもんや知らんが、僕が子供の時分に、家《うち》の小道具箱から見つけ出して来て、玩具にしていたもんやが、今ふっとそれを思出したんや、）まあ、そんなようなもんで、いきなり、脳天をこつんと叩かれたような気がしたなア。

（宇野浩二「長い恋仲」、表記は変えてある）

他人との会話のあいだに、内心でつぶやく独り言まで大阪弁で語っているところなど、ものごとを大阪弁で考える、大阪人ならではの性格があまりにもリアルに再現されている。

＊

ここで現代作家による大阪弁（あるいは大阪弁風の文体）をみてみよう。ＳＦ小説、ユーモア小説の枠を超えた現代文学の巨人、筒井康隆《やすたか》（一九三四〜）の短篇「夜を走る」は、大阪弁の饒舌体《じょうせつたい》で破天荒ストーリーが展開する奇作だ。

「今日は道かて、よう空《す》いとってよろしますなあ。混んどったらかないまへんけど」
ああうるさ。ちょっと黙っといてくれへんかいな。
「あのなあ、おばはん。高速道路走っとるんやさかいな、事故起したらえらいこっちゃねん。気い散って運転でけへんさかい、ちょっと黙っといてくれへんか」
「あれま。ほんとや。そうでした。そうでしたなあ。すんまへん。わて、うっかりしてましてん。堪忍しとくんなはれや。気いつかんこって」

（筒井康隆「夜を走る」）

伝統的な語り物、説経節、河内音頭《おんど》、落語などにも影響をうけた町田康《こう》（一九六二〜）が、河内音頭の代表曲にうたわれた大量殺人事件「河内十人斬り」をモチーフにした『告白』（二〇〇五年）は、大阪弁風の語りが横溢《おういつ》している。

俺がこうして歩いていると、向こうから富がやってくる。まあ、俺の方から声をかけるわな。「あ。きんのはどうも」向こも言いよるわ、「ほんにきんのは……」互いに見交わす顔と顔。ちゃうやっちゃ。そこで俺が、「今日はこない早よからどこ行きやね」とたんねるわ、そしたら富は、「用をいいつかって大和郡山までお使いにいきまんね」とこない言いよってからに、俺の顔をじんわり見て、「そういうあんさんはどこ行きだんの」ちいよるから、「別になんちゅうことない、ここら、ぶらあ、ぶらあ、してんねん。あ。そや。ちょうどええわ。大和郡山行くにゃったら、わい向こに友達いてんね。いま急に、顔、見にいったろかと思てんけろ、なんやったら道連れになろか」ちゅったら、嬉しそうな顔して、「ほんまだっか。ああうれし」ちゅいよって、ほて、二人して大和郡山に行くことになるわ。

（町田康『告白』）

『告白』は河内を舞台にしているが、登場人物が語ることばは、ほかの町田作品と同様に、実際の河内弁というより、町田オリジナルの町田語、町田弁というものだろう。お笑い番組などによって全国に浸透した大阪弁も、文学の世界で探るとき、多様であることがわかる。そしてそれぞれの作家が独自性を発揮し、定型や主流におもねらない大阪弁を駆使しているることがわかるのだ。

3　大阪文学の「現在」

庄野潤三の平穏無事、高橋和巳の孤立

『夕べの雲』（一九六五年）など家族の平穏な日常を描いた温和な作風で知られる庄野潤三（一九二一～二〇〇九）も、戦後文学者のなかでは独自の位置にある。

大阪府東成郡住吉村（現・大阪市）生まれで、兄に児童文学作家庄野英二がいる。父・貞一の創立した帝塚山学院の小学部から、大阪府立住吉中学校（現・大阪府立住吉高等学校）に進み、教師をしていた詩人の伊東静雄（一九〇六～一九五三）に学んでいる。大阪外国語学校を経て、九州帝国大学法文科で東洋史を専攻する。海軍予備学生から少尉に任官、伊豆で敗戦を迎えた。戦後は朝日放送勤務のかたわら作家となり、『プールサイド小景』で芥

川賞を受賞。読売文学賞を受賞した『夕べの雲』は、多摩丘陵の一角に居を構えた夫婦と子供たちのささやかに平和な日常を描いた作品で庄野文学のイメージを定着させた。

庄野はほかの戦後文学者たちの社会と対峙するような姿勢とはちがって、そういうものに関心を示さないように見える。しかし、そうして戦後文学の主流にあえて背を向け、一線を画したスタイルを貫いたという点で批評的であり、まさに非主流を志向した作家だといえよう。

＊

高橋和巳《かずみ》（一九三一～一九七一）は、新世界や今宮戎に近い大阪市浪速区貝柄《かいがら》町で生まれた。家業は鋲や蝶番など建築金具をつくる町工場で、その後西成区東四条に転居するが、幼少年時代の記憶をいくつかの作品に反映させている。

『悲の器』『邪宗門』など高橋の骨太な長編小説は同時代には多くの読者を獲得したが、観念的であるとして、文学的評価は決して高くない。しかし、情念がほとばしる文体の迫力はほかの作家にはみられない魅力であり、いまこそ昭和文学のオルタナティブとして読み直したいものである。

図5-6　司馬遼太郎記念館

司馬遼太郎のオルタナティブ

『坂の上の雲』『菜の花の沖』をはじめとする歴史小説、そして紀行文学の傑作『街道をゆく』などを残した司馬遼太郎は、大阪が生んだ近現代最大の越境者である。

　司馬が長く住んだ東大阪市下小阪に、平成八年（一九九六）に「司馬遼太郎記念館」が開館した。大阪出身の建築家・安藤忠雄《ただお》の設計で、旧居をとどめた展示室には六万冊におよぶ多くの蔵書、資料、執筆に使用した書斎が、晩年に使用したときのまま残されている（近鉄奈良線八戸ノ里駅から徒歩約八分）。

　司馬遼太郎、本名福田定一《ていいち》は、大阪市浪速区神田町に生まれる。大阪外国語学校

（現・大阪大学外国語学部）蒙古語科卒業後、産経新聞本社文化部に入り、文化部長、出版局次長を歴任した。『梟《ふくろう》の城』で直木賞を受賞し、『竜馬がゆく』、『国盗り物語』などで歴史作家の地位を確立、国民的人気作家となった。週刊誌に連載した『街道をゆく』は、時空を超える人・司馬遼太郎の面目躍如たる紀行エッセイ群である。

秋山好古《よしふる》・真之《さねゆき》兄弟と正岡子規を主人公に日露戦争を描いた『坂の上の雲』のスピンオフ作品に『ひとびとの跫音《あしおと》』がある。正岡子規の妹リツの養子となった主人公の正岡忠《ちゅう》三郎《さぶろう》は、阪急電鉄につとめ、車掌をしていた時期がある。壮大な歴史小説の大家には非常に珍しく、この小説の主人公は、子規とのつながりをのぞけば、まったくの庶民なのだ。

忠三郎が車掌をしていた時代の逸話を、司馬は自分の経験にひきよせて語る。

このため車掌も乗客も、車内を貫通して歩けず、車掌もまた一輛《りょう》ごとに一人ずつ乗っているのである。

当時の車掌というのはじつにいそがしかった。電車が駅にすべりこんでまだ走ることをやめていないうちに軽業のように飛びおりねばならない。すぐさま一車輛三ヵ所のドアを外から、がらがらと開けてゆく。発車のときはホームを駈けて逆に順次閉めて最後にひらりと飛びのるのである。私は幼時、阪急に乗る機会がなかったが、南海や近鉄には乗った。なんといっても幼児にとってこの車掌の放れわざほど魅力的な観ものはなかった。四歳のとき、近鉄南大阪線（当時の大鉄電車）で大和の吉野へ行ったとき、河内道明寺だったかの駅で車掌が飛び乗ろうとしたとき、わずかな差で電車が行ってしまい、かれはやむなくホームのはしまで電車を追っかけてゆき、ついには線路にとびおり、なおもあきらめずに電車を追い、ついには追いつけなかった。この光景は私の幼時に目撃した最大のみものであった。

（司馬遼太郎『ひとびとの跫音』）

司馬はここでかなり些末な記憶を掘りおこしている。それも主人公が自身の地元に近いところで働いていた人物だったことが左右しているのではないか。『ひとびとの跫音』は司馬遼太郎にとってはオルタナティブだが、非常に魅力的な作品だ。

柴崎友香の人文地理的作品

現在、大阪ことばを作品中に最も活かし、生かしているのは第3章でも引用した柴崎友香ではないだろうか。

大阪市大正区生まれで、大阪府立市岡高等学校を経て、大阪府立大学（現・大阪公立大学）総合科学部に入学。卒業後は機械メーカーに勤めた。平成一一年（一九九九）、短編『レッド、イエロー、オレンジ、オレンジ、ブルー』が雑誌『文藝』の別冊に掲載され文壇デビュー。平成一二年『きょうのできごと』で単行本デビューし、同作は平成一六年に『きょうのできごと a day on the planet』（行定勲監督）として映画化された。平成一八年に発表した『その街の今は』が第一三六回芥川賞候補となり、第五七回芸術選奨文部科学大臣新人賞、第二三回織田作之助賞大賞、咲くやこの花賞を受賞し、テレビドラマ化もされた。

平成二二年『寝ても覚めても』で第三二回野間文芸新人賞受賞。平成二六年七月、離婚歴のある男性美容師と隣人の女性たちの日常生活を描いた『春の庭』で芥川賞を受賞した。令和六年（二〇二四）の『続きと始まり』は芸術選奨文部科学大臣賞と谷崎潤一郎賞を受賞している。小説以外の著作に『よう知らんけど日記』、自身の注意欠陥・多動性障害（ADHD）をめぐる『あらゆることは今起こる』などがある。

『その街の今は』は現在進行形の大阪と、骨董市などで見つけた古い写真のなかの大阪を重ね合わせながら進行する。

「これ、どうしたん？」
「今、四天王寺さんの縁日やってるやろ」
「そうなん？」
言いつつも、わたしは写真から目を離せなかった。子どもを抱きかかえた女の人が立っているうしろの板塀の前には、角張った小さな自動車があった。男の人ばかり十人が写っている写真の背景は煉瓦造りの建物の玄関で、高麗橋と書いてあった。

（柴崎友香『その街の今は』）

いかにも大学で人文地理学を専攻し、写真部で活動していた柴崎らしい「大阪小説」ではないだろうか。

柴崎の小説の多くは、淡々とした日常を描いているように見えながら、非現実への落とし穴がどこかに開いているような、不安感が漂う。さらに、表面的な読みやすさのいっぽうで、読者に名状しがたい感情をもたらす。柴崎は、日本の現代文学のなかでもじつは特異で、主流とは距離をとった文学世界を展開している作家だと私は思う。

第6章 ハイブリッド——混交する聖と俗

1 安倍晴明の〝正体〟

混交、シンクロから生まれるもの

大阪は、さまざまなものとことの〈ハイブリッド〉によって生みだされた人物、景観、文学が大きな魅力になっている。「ハイブリッド」を辞書で引くと、

1 生物学で、異なる種類・品種の動物・植物を人工的にかけ合わせてできた交雑種
2 複数の方式を組み合わせた工業製品など

とされる。

「交雑」は大阪の文化を語るのに役立つ言葉で、シンクレティズムといいかえることができる。シンクレティズムはふつう、宗教的混淆《こんこう》を意味し、神仏習合（神道と仏教、神社と寺院がまじりあった状態）のような現象だ。交雑・混淆はハレとケ、聖と俗のあいだに現われ、

触発しあう。大阪ではこうした混じりあい、混ざりあいがひとつの現象になったり、あるいは独自で魅力的な人物として現われたりする。

ここではまず、人物におけるハイブリッド、シンクレティズムの象徴として、まず平安時代の天文博士・陰陽師の安倍晴明（九二一～一〇〇五）を見ていくことにしよう。

異類婚姻譚から陰陽師へ

大阪府和泉市葛《くず》の葉《は》町、ＪＲ阪和線北信太《しのだ》駅から歩いて五分ほどのところに「葛の葉」、あるいは「信田妻《しのだづま》（信太妻）」の伝承で知られる信太森葛葉稲荷神社がある。神社はまた信太森神社、葛葉稲荷神社とも呼ばれる。

陰陽師・安倍晴明の出生にまつわる信田妻、葛の葉伝承は、伝承、説話、浄瑠璃などをとおして庶民に知れわたっていた。漫画や映画によって陰陽師ブームがおこるより以前、安倍晴明のイメージは、人間と狐の子として生まれたという異類婚姻譚《たん》、異常誕生譚と切りはなせないものだったのだ。

異類婚姻譚とは、人間と人間でない異類（動物、精霊など）とが婚姻を結んだとされる説話をいう。「葛の葉」は、人間の男性と狐とが婚姻を結ぶ動物異類婚姻譚で、このようなあ

図6-1　信太森葛葉稲荷神社

らましである。

　阿倍野に阿倍保名《やすな》という男が住んでいた。あるとき、和泉の信田明神にお参りをすませて帰ろうとした保名のもとへ、狩りで追われた白狐が逃げてきて、これをかくまった。その後、白狐は女の人になって、保名のところへ現われ、名前を葛乃葉と名のった。二人は結婚して安倍神社の近くに住み、やがて子供が生まれ、安倍童子と名づけられた――。

　享保一九年（一七三四）大坂竹本座初演、竹田出雲《いずも》の人形浄瑠璃「芦屋道満大《あしやどうまんおお》内鑑《うちかがみ》」はそれらを集大成した作品である。

「恋しくばたずねきてみよ　いずみ

なる信田の森の　うらみ葛の葉」
葛の葉は障子に一首の歌を書き遺してこの家を去ろうとする。右手で「恋」と書き「しくば」は「はくし」と逆順に書く。「たずね」と裏文字で書いたところへ、童子が起きてきたので、あやしながら「来てみよいずみなる」と書く。童子がすがりつくので、筆を左手に持ち「信太（田）の森の」と裏文字で書き、右の手で「うらみ」と書いたところで再び童子が泣くので抱きしめ「葛の葉」と筆を口で咥えて書く。不思議な筆の運びは、人間ではないキツネのわざゆえである。

（「芦屋道満大内鑑〜葛の葉」）

図6-2　葛の葉きつね童子にわかるゝの図

障子に裏文字で、ときには筆を口にくわえて、歌を書きしるす超人的な技（業）は、文楽でも歌舞伎でも、息をのむ名場面である。

　大阪出身のＳＦ作家・小松左京は葛の葉伝承を作品化した「女狐」（一九六八

年）を書いている。天体気象学を研究する阿部康郎、動物を研究する楠原葉子の二人が、安倍晴明と葛の葉の末裔《まつえい》という設定だ。

すでに動物の性《しょう》の見えた動顛《どうてん》する動作の中に、人間と交わって産んだ子と別れなければならない、動物共通の「母」の哀れさ、悲しさがにじむ。――筆をとりあげ、障子に向かい……たっぷりふくませた墨で、一気に最初の五文字を書く。

……恋ひしくは……

（小松左京「女狐」）

小松の小説は葛の葉のパロディに違いないが、ディテールがよく描かれていて、かくれた傑作という評もある。葛の葉の異類婚姻譚は、現代でいえばファンタジーの領域に属するものだから、ＳＦ作家の想像力をかきたてたのだろう。

神秘的超能力の持ち主

安倍晴明は大膳大夫《だいぜんのだいぶ》・安倍益材《ますき》の子とされる。賀茂忠行《かものただゆき》・賀茂保憲《やすのり》父子から天文道・陰

図6-3　『不動利益縁起絵巻』に描かれた安倍晴明

陽道を学び、宮廷で吉凶を占ったり、陰陽道の祭祀をおこなったりした。また、藤原道長、行成の求めに応じて、病気を治し、物《もの》の怪《け》を調伏（退治）するなどした。

晴明は神秘的超能力の持ち主として、その死後における各種の伝承や文芸作品に登場するなど早くから説話的要素が濃厚だった。

花山天皇の譲位を天体の異常な現象からみごとに予告した。識神《しきがみ》（式神、陰陽師が術を用いて駆使する神）を自在に駆使した。藤原道長の愛犬が、道長の歩行をはばんだので、晴明に占わせたところ、道長を呪咀するものがいることを見破り、白さぎを飛ばして犯人の居場所をあてた……。室町時代の『臥雲日件録《がうんにっけんろく》』では晴明を「化生《けしょう》のもの」としているが、その居宅跡には安倍晴明神社が創建され、霊神として崇めるようになっていった。

阿倍野の晴明伝承

安倍晴明にかかわる伝説の地は、陰陽師の拡散と定着につれて、日本の各地に広がっていった。これは下級陰陽師集団が、卜占《ぼくせん》の技を権威づけるため、晴明伝説を活用した面があるのだという。

阪堺電車上町線の東天下茶屋停留場から徒歩約五分、阿倍野区阿倍野元町にある安倍晴明神社は、祭神に安倍晴明を祀り、この地を晴明の誕生地としている。阿倍野の晴明伝承について、民俗学者の折口信夫は「信太妻の話」でこのように述べている。

安名と葛の葉の住んで、童子を育てたと言う安倍野の村は、昔からの熊野海道で、天王寺と住吉との間にあって、天王寺の方へよった村である。その開発の年代は知れない。謡曲「松虫」に「草茫々たる安倍野の塚に」とあるが、そうした原中にも、熊野王子の社があって熊野の遥拝処になっていた事は、平安朝末までは溯《さかのぼ》られるようである。この社から、さらに幾つかの王子を過ぎて、信太に行くと、ここにも篠田王子

図6-4　安倍晴明神社

の社があった。
（折口信夫「信太妻の話」、表記は変えてある）

社伝によると創建は寛弘四年（一〇〇七）で、代々晴明の子孫と称する保田家が社家として奉仕した。幕末には衰微し、明治時代には小さな祠《ほこら》と石碑のみになってしまった。明治時代末期に復興計画が立てられ、大正一〇年（一九二一）に阿倍王子神社の末社として認可された。そして社家の子孫である保田家が旧社地の寄進を受け、大正一四年（一九二五）に現在の社殿が竣工した。第二次大戦中、焼夷弾が落ちたが不発だったため「災難除けの神」としても信仰されることになった。境内の一角に占いコーナーがあるのも、晴明を祀る神社らしいところだ。神社の近くにある郵便局は「阿倍野保名郵便局」という局名をかかげ、熊野街道沿いのこの付近が、かつては「保名」と呼ばれていた時代をしのばせる。

2　大社・古刹と民間信仰

マージナルな神仏

航海安全のご利益で日本全国に勧請された住吉大社。仏法興隆最初の寺院である四天王寺。大阪を代表するふたつの社寺も、長い歴史と立派な建造物だけによって支えられてきたわけではない。中心と周縁、官と民の並立・混在によって信仰がつづいてきたのだ。

住吉大社の主祭神である住吉大神、四天王寺の本尊救世観音と創建者聖徳太子への信仰はもちろん重要だが、大阪の庶民は、周縁《マージナル》にある神仏や伝承を篤く敬ってきたのである。

住吉大社の初辰まいり

阪堺電車阪堺線の住吉鳥居前を下車すると住吉大社の表参道が延び、正面に、神池に架けられた神橋「反橋《そりはし》」（「太鼓橋」）がある。この橋を渡ると「おはらい」になるといい、多くの参詣者がこの橋を渡って参拝する。

大阪生まれのノーベル文学賞作家・川端康成（一八九九〜一九七二）に、「住吉」三部作（「反橋」「しぐれ」「住吉」）と呼ばれる短篇連作がある。このうち「反橋」（一九四八年）で住吉大社の反橋はこんなふうに描かれている。

> 遠くから見る反橋は意外に大きくて、五つの弱虫の私が渡れそうには見えませんでしたが、近づいてみて笑い出してしまいました。橋の両側に足をかける穴がいくつもあけてありました。こんな足場の穴のあることは夢にもおぼえていませんでした。
>
> （川端康成「反橋」）

最大傾斜約四八度の反橋に、かつては足掛け穴が開けられていたことを、川端は印象的に綴っているのである。

図6-5　明治時代の反橋

反橋を渡ると回廊があり、その向こうに住吉大社の中心、住吉信仰の根本というべき本殿がある本宮がある。「住吉造」と呼ばれる独特の様式をもつ四棟の本殿（国宝）は江戸時代後期の文化七年（一八一〇）に造営されたもので、神社本殿としては飛鳥時代まで遡る最古様式に位置づけられる。

　こんな住吉大社の庶民信仰は「初辰《はったつ》まいり」で象徴される。初辰とは毎月最初の辰の日のことで、四年を一区切りに四八回参拝すれば、「四十八辰」＝「始終発達」するという信仰だ。初辰まいりでは境内の種貸《たねかし》社、楠珺《なんくん》社、浅澤《あさざわ》社、大歳《おおとし》社を参拝する。

　住吉大社では、初辰まいり以外にも民間信仰が伝わっている。

図6-6　裸雛

種貸社は子宝祈願で奉納された種貸人形が並ぶ。楠珺社には二種類の招福猫（招き猫）を増やして、小・中・大と増やしていく習俗がある。瑞垣《みずがき》内の第二本宮南方の建物内にある侍者社《おもとしゃ》は、初代神主とその妻神が祀られている。縁結びの神として信仰され、良縁祈願の「おもと人形」と夫婦円満の「裸雛《はだかひな》」が奉納されている。裸雛のほうは住吉詣の土産としても親しまれてきたものだ。

住吉大社で忘れてならないのは、明治維新の神仏分離まで、神宮寺とともにある、神仏習合の空間だったことである。かつては多くの神仏が祀られ、境内の東西に仏教の大塔がそびえていた。薬師如来を祀る薬師堂があり、航海神・住吉大神と合わせて信仰されてきたのである。しかし、神仏分離、廃仏毀釈により、仏教色は一掃されてしまい、現在は、「住吉神宮寺跡」と刻んだ小さな石碑に往時をしのぶのみである。

四天王寺の庶民信仰

つづいて四天王寺をみていく。

四天王寺の西門の石鳥居の手前に、「大日本佛法《ぶっぽう》最初四天王寺」と刻まれた大きな石碑が立っている。仏教を広めるため聖徳太子（厩戸王）が建立した初めての「官寺」が、四天王寺のいわずと知れた代名詞である。しかし、広大な寺域を誇るこの大寺も、庶民信仰によって支えられてきた。拝観料を払って入場する、壮麗な中心伽藍は観光客を引き寄せるものだが、大阪の庶民はそれ以外のお堂を篤く信仰してきたのである。

中心伽藍は南から北へ中門（仁王門）、五重塔、金堂、講堂を一直線に配置し、中門の左右から出た回廊が講堂の左右に達する「四天王寺式伽藍配置」を踏襲したものとなっている。これらは近世・近代の焼失や災害を乗り越えて昭和三八年（一九六三）に完成した鉄筋コンクリート造の建築で、いまでも鮮やかな色彩が美しい。

明治以後の四天王寺は、明治維新の神仏分離令により、それまで寺に所属していた神社が離されたが、庶民信仰の寺、お太子さまの寺として、さまざま行事は従来どおりにおこなわれた。

四天王寺の庶民信仰といえば西門の石鳥居（重要文化財）は、古来極楽の東門にあたると

図6-7　四天王寺西門の石鳥居

信じられてきた。現在も彼岸の中日に石鳥居の向こうに沈む夕陽を拝し、極楽浄土を観想する日想観《にっそうかん》がおこなわれている。

極楽の東門に　向ふ難波の西の海　入り日の影も　舞ふとかや

渡来文化が、渡来当時の姿をさながら持ち伝えていると思われながら、いつか内容は、我が国生得のものと入りかわっている。

と書いたのは折口信夫である（「山越しの阿弥陀像の画因」）。

四天王寺の庚申堂《こうしんどう》は日本最初の庚申尊出現の地とされ青面金剛童子（秘仏）を祀る。本堂南向かいに〝見ざる・聞かざる・言わざる〟を祀る「三猿堂《さんえんどう》」があり、庚申の日に一願を祈ると霊験ありと伝わり、境内に「北向きこんにゃく」の店が出て賑わう。初庚申はとくに盛大。本堂は、昭和四五年（一九七〇）の大阪万博に造られた休憩所・法輪閣を移築したものである。

四天王寺のハイブリッドは、日本仏法最初の官寺をうたいながら、「四天王寺七宮」という七つの神社に守られていることにも表われている。

聖徳太子は四天王寺を創建した際、この寺を守るため、近辺に神社を造営したという。大江神社、上之宮神社、小儀《おぎ》神社、久保神社、土塔神社、河堀稲生神社、堀越神社の七宮である。聖徳太子といえば、蘇我氏・物部《もののべ》氏による崇仏・排仏の闘争の、崇仏側の当事者で、仏教推進のイメージがきわめて強いが、いっぽうで神頼みをしていたことになる。

私たちがふだん見ている壮麗な伽藍は四天王寺の一部にすぎない。官寺の威厳と庶民信仰の混交こそが、この大寺の大阪らしい魅力なのである。

ビルの谷間の社寺

大阪市中の繁華街のビルが立ち並ぶエリアに、信仰が篤い社寺があるようすも、ハイブリッドな景観美といえるだろう。

製薬会社のビルが立ち並ぶ中央区道修町にある少彦名《すくなひこな》神社。日本神話の薬祖神・少彦名命と中国の薬祖神・炎帝神農《えんていしんのう》をあわせて祀り、「神農さん」とよび親しまれている。

道修町の薬種仲買仲間が寄合所に炎帝神農の像を祀ったことを起源にする。安永九年(一七八〇)、薬種仲買仲間の団体組織である伊勢講が、京都の五條天神社より少彦名命の分霊を勧請し、炎帝神農とともに祀った。

文政五年(一八二二)、大坂でコレラが流行、道修町の薬種仲買仲間が疫病除薬として「虎《こ》頭殺鬼雄黄圓《とうさっきゆうおうえん》」という丸薬を調合し、少彦名神社の神前で祈祷して、罹患者などに施し、そのときに「張子《はりこ》の虎」を配布した。その丸薬の効能が高かったため、「張子の虎」の御守がよく知られるようになった。

大阪市中央区久太郎町に鎮座する坐摩《いかすり》神社は、「ざまさん」の名で親しまれる船場の氏神。摂津国一宮で、生井《いくい》神、福井《さくい》神、綱長井《つながい》神、阿須波《あすは》神、波比岐《はひき》神の五柱(総称して坐摩大神)を祀っている。「いかすり」の語源は、坐摩神社では「居住地を守ること」を意味する「居所知(ゐかしり)」の転訛《てんか》だと説明し、『延喜式』には「さかすり」の訓が記されている。

神功皇后が新羅より帰還の折、淀川南岸の大江の岸・田蓑島《たみののしま》、のちの渡辺（現在の天満橋西方、石町付近）に坐摩大神を奉斎したのがはじまり。羽柴秀吉による大坂城築城の際に替地を命じられ、現在地に遷座した。渡辺姓の発祥地として有名である。昭和二〇年に戦災により社殿が焼失し、現在の社殿は鉄筋コンクリート造で復興されたものである。

本町通に近いため門前には物売りが多く集まり、とくに古着屋は「坐摩の前の古手屋」と呼ばれ、上方落語の「古手買《ふるてがい》」「壺算《つぼざん》」などに登場する。神社の近くで古手屋の大和屋（そごうの前身）が創業し、船場が繊維の町として発展するきっかけになった。また、初代桂文治が初めてこの神社で寄席を開いたとされる。

寛永年間から西横堀川西岸一帯は、陶磁器をあつかう卸問屋が軒を連ね、火除けの神を祀る火防陶器《ひぶせとうき》神社に陶磁器皿作り人形を奉納して茶碗を供養する、盛大な夏祭りをおこなってきた。現在、毎年七月二一日、二二日、二三日におこなわれる大阪せともの祭は、江戸時代初期から受けつがれてきた。

庄野潤三の小説『水の都』（一九七八年）は、明治・大正・昭和の三代にわたる大阪の商家の生活を描いているが、そこにこの神社の祭礼が出てくる。

図6-8　少彦名神社

図6-9　坐摩神社

南の御堂さんの裏にある坐摩神社、そこが浮田さんの氏神で、七月の二十二日、二十三日が祭りである。（中略）
どこの店でも家紋の入った幕を引いて店の表を飾る。宵宮には「献燈」と書かれた提燈を持って、もうすぐ日が暮れるという時に坐摩神社へ出かける。御主人を先頭に番頭以下あとに従う。並びはしない。ただ、ぞろぞろと歩いて行く。提燈に火を入れ、漆塗りの口のところへお札を貼って貰って帰って来る。帰ると御主人がかき氷に砂糖水をかけた「みぞれ」を店屋から取って食べさせてくれる。それが楽しみで御主人のあとについて行った。

（庄野潤三『水の都』）

＊

大阪の商家を舞台にした小説は決して少なくないが、実際の資料や聞き書きを用いて描かれたと思われる本作の「船場」は、リアリティとともにそこはかとない幻想味を帯びている。

図6-10　東京建物三津寺ビルディング

道頓堀のすぐ北、御堂筋に面する三津寺《みつてら》は「みってらさん」の通称で親しまれている。文化圏、商圏としては道頓堀に属するものの、船場の人びとからも信仰されてきた古刹だ。かつては繁華街に古寺の風情を湛えていたが、現在はビルの谷間どころかビルの中に納まり、そのロケーションに驚かされることだろう。

奈良時代の難波宮遷都のときに僧・行基が開創。応神天皇を葬り奉ったという墓所に、行基が楠を植えたのがはじまりとし、天平一六年（七四四）に聖武天皇の勅命により行基が御堂を建立したと伝わる。また一説には御津八幡宮と深い関係があったといわれる。

昭和八年（一九三三）、御堂筋の拡張工事で楠の大樹が切り倒されたが、現在秘仏の十一面観音像はその材から彫られた。昭和二〇年（一九四五）三月一三日、一四日の第一回大阪大空襲では、三津寺の周囲は焼夷弾で焼かれて大火災になった。しかし、三津寺の本堂と庫裏《くり》は被害を免れたという。

令和元年（二〇一九）一二月から令和五年四月まで全面改修をおこない、本堂を覆う形で、地上一五階地下三階のビルを建設し、ホテルなどを収容することとなった。令和五年九月二九日に寺院・ホテル・商業施設一体型複合施設「東京建物三津寺ビルディング」が竣工した。

モダンなビルの一階に収まった本堂には、十一面観音立像、毘沙門天立像、地蔵菩薩立像そのほか、平安時代から江戸時代までの数多くの仏像が安置されている。大阪市内有数の仏像群が御堂筋に沿ったビルの中にたたずんでいる光景は、まさにハイブリッドだ。

混交空間としての石切神社

ビルの谷間の社寺ではないが、聖と俗の混交空間・景観として東大阪市の石切神社を挙げておきたい。

石切神社の正式名称は神道石切教石切劔箭《つるぎや》神社で、「石切さん」「でんぼ（腫れ物）の神

図6-11　石切神社参道

さん」と呼ばれて、篤い庶民信仰で知られている。

近鉄けいはんな線の新石切駅が昭和六一年（一九八六）に開業して以来、社の南側の平坦な参道から参拝できるようになったが、多くの人はいまでも、山の中腹にある近鉄奈良線の石切駅から、参道を下って参拝する。この下り参道には、各種の占い店からはじまり、飲食店・土産物店など百数十店舗が立ちならんで「石切さん」までたどりつけるからである。

とくに、参道を下りはじめてすぐに現われる、姓名判断、四柱推命、手相、タロットなどなど、さまざまな占い店が軒をつらねている景観は独特だ。また、本殿前と神社の入り口近くにある百度石のあいだを何度も行ききする、「お百度参り」の人びともいつでも見られる。

民間信仰神としては腫物の神として聞えている。この付近の魍魎《もうりょう》どもの首領として尊崇されていることは上社において述べたごとくである。鳥居の前の百度石と社前の間を呪文を誦《しょう》じつつ回っているものがある。ここにも百度石は字義通りの姿を見せているのだ。

大軌線石切駅から神社前の両側にはまじない、易、姓名鑑定、土産物、うどん食堂、薬草店等がならんでいる。

（赤松啓介「大阪及び附近民間信仰調査報告」、表記は変えてある）

右は、『夜這いの民俗学』で知られる赤松啓介が昭和七年（一九三二）に発表した文章だが、当時から変わらぬ習俗がよく記録されている。石切さんは、神頼み、運頼みということばが強く実感できる聖地なのである。

聖と俗が隣りあわせであることは、違和感や異質さではなく、ある種の居心地の良さになる。大阪人は、純粋やまったくの清浄より、交雑のなかにこそ信心をかりたてられるのかもしれない。

3　武器と茶道——今井宗久と津田宗及

茶道は堺で生まれた

「ものの始まり、みな堺」ということばがある。少し大げさだが、貿易港として栄えた堺は、数多くのもの、技術、施設などの発祥の地だといいたいのである。しかし、実際に堺が発祥とされるものは、鉄砲、自転車、タバコ包丁、線香、私鉄（阪堺鉄道）、木造洋式燈台、瓶詰めの酒、学生相撲などかなり多い。しかし、発祥の地といえなくても、その発展に堺という場所のはたした役割が大きいものとして、「茶道」を忘れてはならない。司馬遼太郎は『街道をゆく4』の「堺・紀州街道」で堺と茶道についてこんなふうにのべている。

茶道とくに堺市民のなかで成立した茶道は、わび、とかさび、とかいうことはさることながら、モダン・アートを賞揚し、それを茶室において観賞するというゆきかたをとっていたために西洋人のつば広帽子やラシャのマントを着て歩いたような信長としてはこよなき魅力であったであろう。信長はオペラまで観賞した。こういう男にとって利休が大完成したわび茶などはどちらかといえば多少わずらわしかったかもしれない。

それよりも緑釉《りょくゆう》と黄釉《おうゆう》で装われた舶来の香盒《こうごう》や、鉛のたっぷり入ったガラスの茶碗などを薄暗い茶室の中で手にとってながめるとき、それを運んできた東南アジアの潮のにおいや、異質の文明があるという欧州の天地を想像したに相違なく、それを思うときにかれの想像は、つねに世界性を帯びたにちがいない。

（司馬遼太郎「堺・紀州街道」）

司馬ならではの洞察を、「天下三宗匠」と呼ばれた茶人から見つめつつ、またそのハイブリッド性に着目していきたい。

「わび茶」という総合デザイン

堺では、豊かな富を背景にさまざまな文化が花開いた。なかでも千利休（一五二二～一五九一）が大成した「わび茶」は、高い精神性をそなえた総合的デザインである。

鎌倉時代の末期には、茶の味や香りから産地・種類などを当てて勝敗を決める「闘茶《とうちゃ》」と呼ばれる遊びが行われ、娯楽性の高い「茶の湯」が急速に広まった。国際貿易などで大きな富を成した堺の商人たちのあいだでも茶の湯は隆盛したが、これを「わび茶」として発展させたのが商人出身の武野紹鷗《たけのじょうおう》（一五〇二～一五五五）で、大成したのがその弟子の千利休だった。

図6-12　千利休

千利休は、堺の自治に関わっていた「会合衆《えごうしゅう》」の中でも特に有力な「納屋衆」の家に生まれた。「茶の湯」を武野紹鷗に学び、「わび茶」を確立後、織田信長、豊臣秀吉の茶頭（主君の茶会で茶をたてたり、道具を管理したりする者）となった。そして禅の思想や俗世を離れた生き方を理想とし、精神性を重んじる「わ

図6-13　南宗寺内利休の茶室

び茶」を開いたのである。

南宗寺は、弘治三年（一五五七）、戦国武将三好長慶が父の菩提を弔うために建立した臨済宗大徳寺派の寺院で、紹鷗、利休が禅の精神を学び、わび茶を確立した地である。寺内にあった利休の茶室「実相庵」は、「利休好み」の二畳台目（丸畳二枚と台目畳一枚を敷いた茶室）のはじまりといわれている。空襲により焼失したが、昭和三八年（一九六三）に再建された。

千利休は、織田信長の茶頭となり「茶室外交」をリードした。その後、豊臣秀吉の茶頭として仕え、ここでも多くの大名らを招いて茶会を開き、政治にも深くかかわった。

図6-14　さかい利晶の杜

利休は黄金の茶室を設計したり、京都大山崎町の妙喜庵に二畳の茶室「待庵」をつくったり、秀吉が主催した大規模な茶会「北野大茶湯」を演出したが、天正一九年（一五九一）、秀吉の命で切腹となった。

阪堺線宿院停留場のすぐ近くの文化観光施設、「さかい利晶の杜」の千利休茶の湯館には、待庵を復元した「さかい待庵」がある。堺にはわび茶ゆかりの文化財がそれほど多くは残っていない。しかし、茶室、茶道具など、日本が誇る文化は、堺で育まれたものなのである。

図6-15　鉄炮鍛冶屋敷

武器と茶道のハイブリッド

大阪市から大和川を渡って堺市に入ったあたりを堺区鉄砲町といい、日本で初めて鉄砲の生産をおこなったところで、「鉄炮鍛冶屋敷（堺市立町家歴史館井上関右衛門家住宅）」が公開されている（「鉄炮」については火扁の「炮」の字を採用している）。

江戸時代の鉄炮鍛冶の作業場兼住居として貴重な文化財で、鉄炮鍛冶の職人としてだけでなく、文化人としての側面も持っていた井上関右衛門の屋敷内には、複数の庭や茶室等も備わっている。また、井上家に伝わる実物資料の一部の展示や、「みせの間」や「鍛冶場」などを再現展示する。

天文一二年（一五四三）に種子島に伝来した

鉄砲は、一年後には橘屋又三郎によって堺に伝えられた。しかし、一挺二〇〇貫（現在の一〇〇〇万円相当）と高価だったにもかかわらず、性能は低かった。そこで今井宗久《そうきゅう》（一五二〇〜一五九三）は、鍛冶職人を集めて、鉄砲の改良に着手し、その性能を高めるとともに、職人が分業で組み立てる製造法で大量生産に成功。最盛期には年に一万挺ほどが生産されたと記録に残る。

「天下の三宗匠」と呼ばれ、堺を拠点に活動した千利休、今井宗久、津田宗及《そうぎゅう》（?〜一五九一）は、織田信長に取り立てられた政商でもあった。つまり、わび茶と軍需産業のハイブリッドといえるのだ。

信長から特権を与えられた政商・今井宗久

千利休ほどその名を知られていないが、今井宗久は武器と茶道のハイブリッドとして、より堺らしい人物だといってよい。宗久は近江国の地侍の子として生まれ、彦右衛門兼員と称していたが、本願寺門徒として堺に入り、納屋宗次の家に寄宿し武野紹鷗の女婿となる。

茶会記『今井宗久茶湯書抜』によると、天文二三年（一五五四）から天正一七年（一五八九）までの間に八三回もの茶会を主宰したと記されている。それと同時に近江から東海地方にまで商圏をのばし、納屋業（倉庫兼金融業）のほか薬種、火薬、鉄砲などの商売も行って巨富を得た。

永禄一一年（一五六八）に織田信長が上洛すると、茶器の名品「松島の茶壺」や「紹鷗茄子」などを献上し、信長に取り入る。また、永禄一二年に信長が堺の豪商たちに二万貫の戦費を要求した際、宗久は会合衆たちを説得してこれにこたえた。この功績によって堺五ヶ庄の代官職をはじめ、多くの利権を与えられる。塩合物座（塩魚や干物を扱う商人組合）の権利、淀川通行船の関税免除、生野銀山の開発などの特権を得て、政商としてのしあがっていったのである。

当時の南蛮貿易は、日本からは銀や銅、漆器などが輸出され、外国からは硝石や生糸、絹織物、陶磁器などが輸入された。宗久は鉄砲の大量生産や販売、南蛮貿易にも進出し、火薬の原料となる硝石や鉛の調達などで信長を支えた。

天正三年（一五七五）の長篠の戦いでは、知られるように信長は三〇〇〇挺の鉄砲を使用した。宗久は、大量の鉄砲と火薬を供給し、武器商人として巨万の富を得たという。信長の『総見記』には、天正六年（一五七八）に信長が石山合戦の際に軍艦で堺に寄港した際、宗久の屋敷で茶会を開いたと記される。秀吉の時代になっても三宗匠の筆頭に位置したが、本願寺との関係によってしだいに秀吉から疎んぜられるようになり、排除される。今井宗久の生涯を伝えるものは極めて少なく、堺市堺区南半町の臨江寺《りんこうじ》に今井累代《るいだい》の墓のひとつとして墓が残るくらいである。

耀変天目茶碗を所蔵した豪商・津田宗及

「天王寺屋」を屋号とする堺の会合衆の惣領・津田宗及も、豪商にして茶人、さらには茶道具の目利きだった

天王寺屋は代々石山本願寺の御用商人で、屋号から、大坂天王寺から初代の津田宗伯の時代に堺に移り住んだと思われる。貿易業を営んで四国や九州に大きく商圏を伸ばしていた天王寺屋の財力は、堺でも屈指のものであった。天王寺屋の三代目として家業を継いだ宗及は南宗寺の大林宗套《だいりんそうとう》に参禅し、天信の道号を授けられている。

織田信長の茶頭となった宗及は、信長没後は豊臣秀吉の茶頭となり、北野大茶湯では、利休とともに指導的役割を果たした。しかし北野大茶湯を最後に、秀吉の茶頭としての地位を解かれる。宗及は利休が死去した一年後、堺の屋敷で亡くなったが、後を継いだ嫡男

の宗凡《そうぼん》には跡取りがなく、天王寺屋本家は断絶してしまう。

宗達、宗及、宗凡三代にわたる『天王寺屋会記』は、『松屋会記』『今井宗久茶湯日記抜書』『宗湛《そうたん》日記』とともに四大茶会記といわれ、永禄九年（一五六六）から天正一五年（一五八七）にわたる千数百会の自会記と他会記を記録している。

宗及は父・宗達より武野紹鷗の茶法を得て、和歌、連歌、挿花、聞香をよくし、道具類の目利きは当代随一といわれた。唐物の茶器を一五〇点ほど所蔵し、茶の湯のほか和歌、連歌、華道、香道も嗜む数寄者で、刀剣の鑑定にも長けていたという。

津田宗及が蒐集した茶道具で、名品中の名品といえば、一二～一三世紀に中国で焼かれ、窯の中で偶然生じた光彩が美しい「耀変天目茶碗《ようへんてんもく》」だろう。世界に三点しか現存せず、すべて日本にあり国宝に指定されている。そのうち一点で大徳寺の塔頭・龍光院の「耀変天目茶碗」は宗及が所蔵していたが、堺の天王寺屋が断絶したため、宗及の次男で龍光院の開祖・江月宗玩《こうげつそうがん》にわたったものである。

天王寺屋は大小路（紀州街道）南荘の材木町に屋敷を構えていたと記録に残る。堺の町は元和元年（一六一五）の大坂夏の陣の戦火で焼き尽くされ、天王寺屋の屋敷がどこにあったのか正確な場所はわかっていないという。

今井宗久と津田宗及の二人は、千利休と異なり、戦国時代の生臭い争いのなかで政商として活動した。しかしわび茶の隆盛は、政治やカネと離れてはありえず、経済と文化がないまぜとなった堺の土壌で発展したことを改めて認識させられるのである。

4　超領野の文学者たち

須賀敦子の〝大阪性〟

端正な翻訳とエッセイで知られる、イタリア文学者で作家の須賀敦子《あつこ》（一九二九～一九九八）が、大阪と西洋のハイブリッドだというと意外に聞こえるだろう。

須賀家は敦子の祖父の代から、近代的な上下水道を事業化した須賀工業の経営者で、敦子自身は大阪の病院で生まれ、兵庫県の芦屋と西宮、東京の広尾で育つ。聖心女子大学文学部外国語外国文学科イタリア文学専攻を卒業後、イタリアに渡り、パリで二年間学んだのち、ふたたびイタリアに留学。コルシア書店という書店を運営するグループの一員だったベッピーノと結婚したが死別し、日本に帰国、上智大学の教授になった。著書に『ミラノ霧の風景』『コルシア書店の仲間たち』、訳書にナタリア・ギンズブルグ『ある家族の会話』、アントニオ・タブッキ『インド夜想曲』などがある。

須賀のエッセイには、大阪の商家で苦労をかさねた祖母の姿がたびたび描かれる。

大阪商人の中でそだった祖母は、母よりももっと即物的な理由で私の本好きを叱った。本ばかり読んでると、女はろくなことにならない。(女は、というところを「人間は」に変えると、それはあたっていたかもしれない。)そして、夜、床に入って本を読むと、電気がもったいない、と小言をいい、パチンと壁のスイッチを消して行った。おばあちゃんのけち、と私はうらめしかった。

(須賀敦子『遠い朝の本たち』)

高麗橋、今橋、淀屋橋。土佐堀、横堀、道頓堀、堂島川。祖母がする大阪の話には、よく水路の名が出てきた。近松が「名残の橋づくし」でかぞえあげているように、堀や川、それにかかる橋は、大阪の町人にとって日常と非日常すべての基点となる大切な指標だった、と読んだことがある。そして、船場をとりかこむ水路とそれを花かんざしのように飾っていた橋の名は、結婚してそのなかに住むことになった祖母にとって、この選ばれた空間を「じだらくな」外敵からまもってくれる忠実な番犬に似ていた。

（須賀敦子『地図のない道』）

須賀敦子のことを「大阪人や」といいきれなくても、「関西人やなあ」と思わせるのは、祖母の影響によるこんな逸話からである。

『西国三十三所』の御詠歌というのも、私の好きな歌のひとつだった。三十三のお寺を、ひとつひとつ想像して歌いなはれ、と祖母は言ったけれども、行ったこともない場所を、三十三も想像するなど、どだい無理で、私はセーガントジとか、アナオデラとか、まるで外国語のようなお寺の名に感心していた。

（須賀敦子『遠い朝の本たち』）

須賀の母・万寿《ます》は大阪に出てきた豊後竹田の元藩士の家系であり、考古学者の森浩一（一九二八〜二〇一三）は万寿の兄の子で、須賀敦子のいとこにあたる。筆者が須賀自身から直接聞いた話によると、終戦直後、堺に住んでいた森浩一に付いて古墳に登り、二人で土器を拾って遊んだことがあるという。このエピソードを話したときのことばが、関西アクセントだったことを筆者は鮮明に覚えている。

筒井康隆——SFとブラックユーモア

現代文学における大阪的なハイブリッド作家といえば、SFとブラックユーモアを混在させた筒井康隆（一九三四〜）をおいてほかいないだろう。

筒井は父・嘉隆《よしたか》と母・八重の長男として、父方の実家である大阪府大阪市北堀江で生まれる。生家は住吉区山坂町（現・東住吉区山坂）。動物学者だった嘉隆は、天王寺動物園長を務めた後、昭和二七年（一九五二）、大阪市立自然科学博物館（現・大阪市立自然史博物館）設立とともに初代館長に就任、昭和四〇年まで務めた。

康隆　おとうさん、あんたのやってはること、あれ結局英語やと何オロジーになるんですか。

嘉隆　専門ですか？

康隆　博物学っていうんですか？

嘉隆　ナチュラル・ヒストリーってことばがある。昔、博物学って訳してたの。ところが博物学なることばがすたれて、このごろは自然史科学っていうね。ところがあのヒストリーは英語の古い使い方で、歴史の意味じゃないんですね。インベストゲーションとか自然研究の意味ですね。

（筒井嘉隆、筒井康隆「対談　人間滅亡への道」）

康隆は大阪市立中大江小学校、大阪市立東第一中学校（現・大阪市立東中学校）、大阪府立春日丘高等学校を経て同志社大学文学部文化学科心理学専攻（現在は心理学部）に入学。その後美学および芸術学専攻（現・美学芸術学科）に転じた。

学生時代からSF小説を書きはじめ、二六歳でSF同人誌『NULL』を創刊、デザイン会社に勤務のかたわら創作を手がけて、昭和三九年処女短編集『東海道戦争』を刊行、文筆生活に入る。この短編集の表題作は、文字どおり東京と大阪のあいだにおこった戦争を描いたものだ。

梅田新道の交叉点では、組織されていないままの市民軍が、車道に土嚢《どのう》を積みあげていた。ワイシャツの袖をまくりあげた、銀行マンらしい青年たちが、パチンコ屋の制服を着た若者たちといっしょに、セメントの袋を運んでいた。

建築会社の技師や大工が、黄色いヘルメットを被《かぶ》りドリルやリベットを持ち、装甲車に改造するのだといって市バスと格闘していた。（中略）

「マスコミに毒された……中央意識……地方人共通の敵であり……日本の……対外的威信ひいては国家的信頼感を失墜……」

抽象的なことばかり言ってるところをみると、彼にもどうやら戦争の原因がよくわかっていないらしかった。

（筒井康隆「東海道戦争」）

翌年、処女長編『48億の妄想』を発表。以後、『ベトナム観光公社』、『家族八景』などが直木賞の候補作になるなど、SF的趣向の軽妙な風刺とブラックユーモアを利かせた作風を築いた。実験的手法による『虚人たち』、私立大学教授の生態をパロディにした『文学部唯野教授』なども話題となった。平成五年（一九九三）一〇月、差別表現への糾弾が過激化する社会風潮に抗議するとして断筆を宣言した（平成八年に執筆を再開）。
谷崎潤一郎賞（『夢の木坂分岐点』）、日本SF大賞（『朝のガスパール』）、さらに紫綬褒章を受章した文壇の大御所だが、作品でも行動でも独立独歩をつらぬくまさに大阪的な作家である。

筒井文学の文体、テーマ、モチーフはハイブリッドそのものではないか。大阪は高尚でも低俗でもなく、上品でも下品でもない。こうした二項対立に収まらず、どちらかの評価・評判を受けそうになると、逆のほうに振りきるひねくれたところがある。大阪のハイブリッドは、こうした振り幅をもつことができる、大阪人ならではは想像力と表現力のたまものなのである。

第7章 越境——ボーダーレスな超人たち

1　ネットワークを築いた〝超人たち〟

ボーダーレスであること

大阪は中心部以上に、周縁部（境界上）に大阪らしさが溢れている。大阪は境・境界であり、そこを越えていく文化的営為、ボーダーレスであることが、その本質のひとつなのだ。境・境界の制度化は、ある場所（世界）とある場所（世界）を区切る役割を果たすいっぽう、心理的にも物理的にも二つの場所（世界）を隔ててしまう。そこを越えていくためには、まさに超人的な行動力や精神力が必要になる。大阪や大阪人の重要な特性は越境性、ボーダーレスなのである。

インフラ整備の先駆者・行基

大阪市から和歌山の高野山を結ぶ南海高野線の大阪狭山市駅から西へ一〇分ほど歩くと、狭山池が現われる。

図7-1　狭山池

この池は奈良時代の高僧・行基（六六八〜七四九）が果たした社会事業の成果を示す代表的なスポットだ。行基は超人的な活動力でさまざまな事業に取り組んだ人物である。遠い奈良時代に生きた行基の人物像と、その業績をこれから見ようとするのだが、その理由は、行基が境界を越えてネットワークを張り巡らせる能力、すなわち私が考える〝大阪らしさ〟を体現する人物だからだ。

その最大の貢献が灌漑《かんがい》事業、いわゆるインフラの整備である。

かつて河内国西部の丘陵地帯は、大きな河川からはずれ、灌漑に苦労していた。この狭山池は飛鳥時代前期、朝廷によって築造されたが、天平三年（七三一）に行基が改修し、池

図7-2　行基菩薩像

のほとりに狭山池院と尼院《にいん》を建立した。序章でふれた宝永元年（一七〇四）の大和川の付替えまで、狭山池は現在の大阪市域に至る八〇か村、約五万五〇〇〇石を灌漑していた。行基は狭山池のほかに、昆陽池《こやいけ》（伊丹市）や久米田池（岸和田市）を修造し、それぞれ畔《あぜ》に昆陽院、隆池院《りゅうちいん》を建て、池の管理施設にすると同時に布教の拠点にしたのである。

行基は天智七年（六六八）、河内国大鳥郡蜂田《はちた》郷《ごう》家原《えばら》に生まれる。名は貞知《さだち》。父は王仁の後裔の高志才知《こしのさいち》、母は蜂田古爾比売《こにひめ》といわれ、両親とも渡来系氏族である。天武一一年（六八二）一五歳で出家。行基が師事したと考えられる道昭《どうしょう》は、入唐して長安で玄奘《げんじょう》に師事し、飛鳥寺の禅院で弟子を養成するとともに、民間で井戸、船、橋などを造る社会事業にも努めたという。

慶雲元年（七〇四）、行基は生家を寺に改めた。現在の家原寺《えばらじ》である。本尊の文殊菩薩像は行基作と伝わり、受験シーズンになると合格祈願のため、本堂の壁面が志望校などを書いた白いハンカチでおおいつくされる。

行基は「四十九院」という修行道場を拠点に、橋、道路、港、堀川、布施屋（調庸運脚夫や役民を宿泊させ食料を与える施設）をはじめ、多くの溜池や用水路、水門などの灌漑施設を整備する。行基が天平一三年（七四一）までに河内、和泉、摂津、山背（城）国などに造った農業・交通関係施設は池一五、溝七、堀四、樋三、道一、港二、布施屋九におよんだ。

養老元年（七一七）、政府が行基の伝道を僧尼令違反として禁圧した。しかし時の聖武天皇は、行基のもつ土木技術や、庶民を動員する能力を見込んで行基と面会する。行基は東大寺大仏（奈良の大仏）造立の勧進《かんじん》（募財《ぼざい》）役に任じられ、大僧正の地位に就く。灌漑事業、インフラ整備で培った技術と集金ネットワーク構築の才能は、天皇が大いに認めるところだったのである。

天平二一年（七四九）、喜光寺《きこうじ》で入寂《にゅうじゃく》（享年八二）、生駒《いこま》山中東麓の竹林寺《ちくりんじ》に埋葬された。

行基は、仏教の民間布教に尽くした多くの伝説が伝えられている。行基の開創になるという寺、行基の手になる仏像、橋、港などの伝承が畿内を中心に数多く見られる。歴史的事実が伝承や信仰を生み出し、行基の越境思想は、その後も育ちつづけたのだ。

図7-3　河口慧海像

河口慧海という冒険者

時代は大きく下って、堺が生んだもうひとりの〝超人〟は、チベットを超えて多くの仏教原典を日本にもたらした河口慧海（一八六六〜一九四五）である。幼名は定次郎《さだじろう》。東京の哲学館（東洋大学の前身）を卒業したのち、東京・本所の黄檗宗《おうばくしゅう》五百羅漢寺《ごひゃくらかんでら》の僧となって慧海仁広《じんこう》の僧名を受けた。

明治三〇年（一八九七）、チベット語の仏教原典を入手するため神戸港を出航。インドでチベット語を学び、ネパールを経て、明治三四年に日本人としては初めてチベットの首都ラサに到達した。セラ寺の大学にチベット人僧として入学を許されるが、国籍が発覚して、明治三六年に帰国。翌年『西蔵《チベット》旅行記』（一九〇四年）を刊行した。大正二年（一九一三）にもチベットに入国し、ネパールではサンスクリット仏典、チベットでは大量のチベット仏典を収集し、また、植物標本や民俗資料などを入手した。

帰国後、東洋大学教授となり、仏教の原典研究、旅行記の執筆、チベット学者の養成などに尽力。東洋文庫でチベット語辞典『蔵和辞典』編纂をはじめたが完成をみなかった。収集した原典資料などはすべて公共の機関に寄贈され、仏教学の発展に大きく寄与した。

現在、生家跡（大阪府堺市堺区北旅籠町《はたごちょう》）に記念碑が設置され、その最寄り駅である南海本線七道《しちどう》駅前に銅像が建てられている。慧海のスケールの大きな冒険をよく表わす像だ。彼が日本にもたらした知識は、時代を超え領域を越えて学問の世界に影響を与えつづけている。

「世間師」という存在

越境者、ネットワークの構築者は、民俗学的に「世間師《せけんし》」といいかえることができる。この用語を広めたのは、大阪でその民俗学をはぐくんだ宮本常一である。

宮本は戦中・戦後にかけて、調査者としての能力と仕事量を知られていたことから、第4章でもふれたように、大阪府農務部・農地部、新自治協会から委託を受けて、農業指導の役割を担った。大阪府下では農村を調査し、食料政策、農業技術の普及、農村経営近代化の指導をしている。

宮本常一は「世間」という言葉に、独特の意味合いをみていた。世間は一般的に、「世間様」「世間の風」といったように、共同体の外側にある社会、人びとの行動を制約する無形の規範のこととして理解され、そこから人が生活し、構成する「人の世」、人びととの交わり、「世の中」、「世界」を指す言葉になった。このため「世間」は「世間体」という言葉で表される「しがらみ」のもととなる境域として使われるのが一般的だ。

しかし、宮本常一は「世間」をひとりの人間が属することができる多様な社会（組織・共同体）という意味で用い、肯定的、積極的に使っているのである。「世間師」はこうした「世間」を渡り歩く存在で、『忘れられた日本人』の「世間師（2）」で描かれる河内国滝畑《たきはた》（現・大阪府河内長野市滝畑）の左近熊太翁《さこんくまたいおう》はそんな世間師のひとりだった。

熊太翁が住む滝畑は、地租改正のときに野山が官有林になった。翁は字をならい、そのため法律がわかり、官有林の払い下げの際に役立った。翁は村外からのさまざまな新しい刺激に対し、その渉外方を引き受けた。そして五六歳になってから各地を旅し、そこで得た知識を、村のために役立てようとしたのである。

宮本によると、明治時代から大正、昭和の前半にいたるまで、どの村にもこのような世間師が少なからずいたという。政府や学校の指導によってではなく、世間師が村を新しくしていくための細やかな方向づけをした。つまり世間師によって、村は世の中の動きについていけたのだ。宮本の「世間師」は超人とはほど遠いふつうの庶民だが、生まれそだった村から各地に越境して、村の外にさまざまな世間、社会があるという情報を村にもちかえり、村の活性化をはかったのである。

2　プロ野球選手も海を越えた

パイオニア・野茂英雄

その意味で、野茂英雄《のもひでお》（一九六八〜）は、日本のプロ野球（NPB）からメジャーリーグ（MLB）への扉を開けた先駆者であり、スポーツにおける果敢な〝越境者〟であり、「世間師」であるといえる。

大阪市港区で生まれた野茂は、大阪府立成城工業高等学校（現・大阪府立成城高等学校）から、新日本製鐵《せいてつ》堺へ入社し、昭和六四年（一九八九）、近鉄バファローズに入団。メジャーへの移籍制度が確立していなかった時代に、紆余曲折を経て、ロサンゼルス・ドジャースとメジャー契約を果たし、村上雅則《まさのり》以来二人目の日本人メジャーリーガーになった。野茂につづけとばかりに、日本の球団のエースから渡米した投手には、じつは大阪出身者が多い。

上原浩治（一九七五〜）は大阪府寝屋川市生まれ。枚方市にある東海大学付属仰星高等学校から、大阪体育大学に進学し、読売ジャイアンツを経て、メジャー入りした。日本人投手として初めて、先発勝利数だけで日米通算二〇〇勝を達成した黒田博樹（一九七五〜）も、広島東洋カープのイメージが強いが、大阪市住之江区出身。同じくカープから海を渡った前田健太（一九八八〜）も泉北郡忠岡町出身で、ＰＬ学園高等学校を卒業した大阪人だ。日本ハムファイターズの絶対的エースとして君臨したダルビッシュ有《ゆう》（一九八六〜）は、羽曳野市出身で、いまでも関西弁のイントネーションを残している。

彼らが大阪出身なのは、やはり開拓者、野茂の影響があるのではないか。野茂英雄によって大阪とメジャーリーグの垣根は、一挙に低くなった。そして、大阪人の越境精神、ボーダーを越えようとする果敢な意志が、どの選手も共通していたと思われる。

江夏豊の挑戦

野茂英雄以前にも、メジャーをめざした〝大阪〟の野球選手がいた。日本のプロ野球界におけるリリーフ投手の地位を確立し「江夏の21球」をはじめとする伝説を残した江夏豊《ゆたか》（一九四八～）だ。江夏が、西武ライオンズ（現・埼玉西武ライオンズ）で現役を引退し、翌年、渡米してメジャーリーガーをめざしたことは、いまではあまり知られていないのではないか。

江夏は奈良県吉野郡で生まれ、尼崎市立園田中学校から、吹田市の大阪学院大学高等学校を経て阪神タイガースに入団し、エースとして活躍したことから〝大阪〟のイメージが強い。

昭和六〇年一月一九日、多摩市営球場でおこなわれた引退式で、メジャーリーグ挑戦の意志を表明した江夏はテスト登板を経て、ミルウォーキー・ブルワーズとマイナー契約を結んだがオープン戦では結果がともなわず、メジャーへの挑戦を断念することになる。

他の選手は野球をスポーツととらえ、また、野球的な価値観でのみ野球を見て、考えて、実際に野球をしていたのが、江夏は野球をスポーツとしてとらえず、野球的な価値観以外の価値観を野球に持ち込んで野球をしていたのではないだろうか。

（町田康「川上未映子の小説について」）

大阪生まれの作家・町田康が、川上未映子を語る際に、江夏について言及しているのだが、町田の評価を受けいれると、江夏はそもそも野球じたいを超えていたのではないか。境界を越えていく人は、領域をまたぐどころか、それまでの常識をくつがえして冒険に乗りだすのである。

3　文学者も越境する

大阪砲兵工廠という原点

大阪生まれの文学者のなかにも、「越境性」を見出すことができる。昭和のひと桁に大阪の下町で生まれた、開高健と小松左京は、多感な時期を焼け跡で過ごしたことで、空間的、

図7-4　大阪砲兵工廠跡地

時間的な壁をやすやすと越えることができたのだろう。そんな二人が共通して描いているのが、大阪砲兵工廠《こうしょう》である。

大阪城を取りまく一帯にあった砲兵工廠は、陸軍の兵器工廠（造兵廠）で、太平洋戦争の敗戦まで、大口径の火砲を主体とする兵器を製造したアジア最大規模の軍事工場だった。開高と小松は、それぞれ『日本三文オペラ』（一九五九年）と『日本アパッチ族』（一九六四年）で砲兵工廠を舞台にしているが、昭和ひと桁生まれの彼らにとって、ここは精神的故郷や原点というべきところだった。

だが——

ここはかつて、大阪最大の、しかしも

っともすさまじい「廃墟」であった。

戦前、ここには陸軍砲兵工廠があり、それが戦時中くりかえし爆撃を受け、ついに見わたすかぎり巨大なコンクリートと鉄骨の、瓦礫の山と化した。くずれた塀や、ねじまがった鉄骨の残骸は視界をはばみ、足のふみ場のないほど煉瓦やコンクリートの塊りがつみかさなり——やがて終戦とともに高さ三メートルもある雑草がおいしげって、飢えた野犬が徘徊し、一度足を踏みいれたら、生きて帰ってこれないとさえいわれる魔所と化した。(中略)——だが、この巨大な、牙をむく廃墟へ向かって敢然と挑んだ、おそるべきエネルギーに満ちた人がいた。

これこそ、あの有名な屑鉄《くずてつ》泥棒——通称「アパッチ族」だったのである——

(小松左京『日本アパッチ族』)


黒板塀が猫間川《ねこまがわ》の泥のなかへ焼け落ちたとき、人びとは大阪の中心に赤い砂漠を発見した。砂漠の地平線は一糸みだれぬ鉄骨の密林に蔽《おお》われ、電車や機械が散乱し、起重機、旋盤、砲弾山、大砲、戦車、無数の残骸がベトンの平原のうえにころがっていた。見わたすかぎり鉄とコンクリートと煉瓦のほかになにも見えなかった。煙突は折れ、起重機はうなだれ、赤煉瓦の工場は無数の暗い日光と雨のなかにひらいたまま人びとの視線を吸った。やがて草が生え、土が鉄をのみこみ、運河は腐って緑いろになった。

（開高健『日本三文オペラ』）

なお大阪生野生まれの在日朝鮮人作家で、開高や小松と比べると少し若い梁石日《ヤンソギル》（一九三六～二〇二四）も、小説『夜を賭けて』において大阪砲兵工廠で鉄くずを拾いに集まる同胞の姿を描いている。砲兵工廠は、当時の大阪の人びとが戦後社会に踏みだしていくにあたって、強烈な磁場をもつ原点になったのだ。

世界を股にかけた行動派――開高健と小田実

近鉄南大阪線の北田辺駅の駅前に開高健の文学碑が立っている。碑に刻まれているのは、開高の自伝的小説『耳の物語』の中の「破れた繭《まゆ》」の一節だ。

昭和十三年に一家は北田辺へ引越すことになるが、当時はこのあたりは大阪市の南の郊外であった。畑、水田、空地、草むら、川、池などが、どこにでもあった。腺病質で、内気で、おとなにろくろく声をかける気力もなかった子供は、やっぱりはにかみ屋で臆病者だったけれど、泥まみれになる快感に浸されることになった。川をせきとめて掻《か》い掘りしてフナやドジョウやナマズをつかまえる。ねっとりとして、奥深く、ひめやかで豊満な、あたたかい泥にむずむずと手をつっこむ快感には恍惚とならせられる。

（開高健『破れた繭　耳の物語』）

開高は大阪府大阪市天王寺区平野町で生まれ、七歳のとき北田辺に転居し、北田辺小学校を卒業後、天王寺中学（現・大阪府立天王寺高等学校）へ進んだ。大阪市立大学の学生時代に長編小説『あかでみあ　めらんこりあ』一二〇部を刊行した。

昭和二九年（一九五四）、寿屋（現・サントリー）宣伝部に入社し、コピーライターとして洋酒トリスの名作宣伝コピーを次々発表するいっぽう、PR誌『洋酒天国』『サントリー天国』を編集した。昭和三二年に中編小説『パニック』を発表、同年『裸の王様』で第三八回芥川賞を受賞し、作家に専念するため寿屋を退職した。

図7-5　開高健文学碑

昭和三五年の中国を訪問以後、新聞社や雑誌社の特派員として東欧、中東、ソ連など世界各地をまわった。昭和三九年、戦乱のベトナムに半年間滞在し、このときの体験をルポルタージュ『ベトナム戦記』として発表したほか、長編小説『輝ける闇』に結実させた。

小説『夏の闇』、エッセイ集『饒舌の思想』、作家論集『紙の中の戦争』などのほか、『もっと遠く!』『もっと広く!』『オーパ!』などの傑作釣魚紀行がある。また、小田実、鶴見俊輔らとともに呼びかけ人となり「ベトナムに平和を!市民文化団体連合」(ベ平連)を結成した。

関西なまりの辛口の発言で、テレビの前の視聴者に問題を提起しつづけた小田実《まこと》(一九三二〜二〇〇七)も、大阪らしい作家として名前をあげるべきだろう。

大阪市福島に生まれた小田は、大阪府立天王寺中学校（現・大阪府立天王寺高等学校）に入学、大阪府立夕陽丘高等学校を経て、東京大学文学部言語学科を卒業した。昭和三三年（一九五八）にアメリカに留学し、北米、ヨーロッパ、中近東、インドをまわって帰国。その旅の記録『何でも見てやろう』はベストセラーになり、若者を旅に駆りたてた。

「ベ平連」に参加するなど社会運動の先頭に立った小田は、弱いものの側によりそい、国境を越えて行動した、越境者そのものだった。

警世のSF作家・小松左京

本書でもここまでたびたび登場してもらっているSF作家・小松左京は、近年再評価が著しい。『復活の日』『日本沈没』などの作品に描かれたカタストロフが、未来ではなく現実を予告するものになっていたと捉えられたからである。

小松左京は大阪市西区京町堀（西船場）生まれで本名は小松実《みのる》。父は理化学機械業を営んでいた。兵庫県立第一神戸中学校（現・兵庫県立神戸高等学校）、旧制第三高等学校から京都大学文学部イタリア文学科に進む。在学中、高橋和巳らと同人誌を発行、卒業後は経済誌記者や土木工事の現場監督など多くの職業を体験。昭和三七年（一九六二）『SFマガジン』の創刊号に書いた『地には平和を』が作家としての第一作となった。

先述の処女長編『日本アパッチ族』以後、ウイルスが人類を破滅させる『復活の日』（一九六四年）など話題作を次々と発表し、草創期の日本SF界の中心的作家となる。地殻変動によって日本列島が沈没してしまう『日本沈没』（一九七三年）はミリオンセラーとなり、映画化もされて一大ブームをまきおこした。

該博な知識と独創的なアイデアで、科学論、文明論、日本文化論など幅広いジャンルにわたって旺盛な執筆活動をつづけ、さまざまな領域の学者と交流した。また昭和四五年の大阪万博（EXPO'70）のテーマ館サブ・プロデューサー、平成二年（一九九〇）の国際花と緑の博覧会（花博）の総合プロデューサーをつとめた。作家・文学者の枠にとどまらず、大イベントの構想者でもあったのだ。大阪・関西にかんする評論・提言も数多く、そのスケールの大きさは、強調してもあまりあるものだ。

町田康が駆使する〝町田語〟

大阪らしい非主流性、独自の位置からこれまでになかった現代文学を生みだしているのが、町田康である。

大阪府堺市生まれで、本名は町田康《やすし》。大阪府立今宮高等学校時代にパンク・ロックに出会い、町田町蔵名で音楽活動をはじめ、バンド「INU」を結成。昭和五六年（一九八一）、アルバム『メシ喰うな！』を発表した。昭和五七年からは俳優として、『爆裂都市』、『ロビンソンの庭』、『エンドレス・ワルツ』などの映画に出演する。

平成四年（一九九二）、バンド時代の歌詞と書き下ろしを合わせて詩集『供花』を刊行、反響を呼んだ。小説を書きはじめ、平成八年に発表した同名の処女作品を収めた『くっすん大黒』でBunkamuraドゥマゴ文学賞、野間文芸新人賞を受賞。平成一二年『きれぎれ』で芥川賞を受賞した。近年は、古典文学の町田語訳（現代語訳、口訳）にも精力的に取りくんでいるが、こうしたジャンルでも、町田ワールドというべきオルタナティブに作品をそめあげる力を存分に発揮している。そしてこの仕事はまさに、時空を超えるボーダーレスな偉業・異業といえるのではないか。たとえば『古事記』のこんな訳である。

或る時、天皇が宣《の》り給うた。

「山、登るで」

急なことだったので群臣は驚いた。だけど相手が天皇なので理由を問うたり、「面倒くさいからやめよや」とか言えない。急いで準備をして、みんなで高い山に登った。

山の頂上に立った天皇は下界を見下ろして言った。

「ぜんぜん、あかんなあ」

重臣が問うた。

「なにがあきませんのでしょうか」

「おまえら気ぃつけへんのんか。ここへ立って見てみい」

「すんません。はい、見ました」

「どや」

「民家が仰山、ございます」

「ほんで」

「民家が、あのお、ございます」

「ほんで」

「そうですねえ、やはり、あの、このお、民家が……」

「おまえ、民家以外、言われへんのか。よー、見てみい、時分時やのに、どの家からも、おまえ、炊事の烟《けむり》あがってへんやろ」

「あ、ほんまや」

「今頃、気づいたんかいな。ぼやっとしとんで。炊事の烟があがってへんちゅうことは、おまえ、それだけ民衆が困窮しとるちゅうこっちゃないかい」

「成る程、仰る通りですわ」

「故、今より三年《みとせ》に至るまで悉《ことごと》く人民《おおみたから》の課役《えつき》を除《お》け。まず身を切る改革だ」

「ははー」


（町田康『口訳古事記』）

この部分はもちろん、上町台地の難波高津宮に遷都した仁徳天皇が、「民のかまど」から煙が立っていないことを憂いて、三年間、租税を免除したという神話である。古代、このあたりに住んでいた人びとはおそらくこんな言葉づかいをしていたにちがいない、というのは極論にしても、町田の自在でダイナミックなことばは時空を超えたオルタナティブなのである。

第8章 多国籍――移民と共生する街

1　日本最大級のコリアンタウン

〝渡来人〟との共生

大阪は古代の渡来人から、近世の南蛮貿易、そして近現代に移住してきたさまざまな人びとを受けいれて文化をはぐくんできた。

中国大陸、朝鮮半島からの渡来人（かつては帰化人という呼称が一般的で、一九七〇年代以降、渡来人が使用されるようになった）が、この国を発展させていくうえで、多大な貢献をはたしたことは明らかである。古代には高度な技術や文化をもったそうした人びとが、重要な仕事につき、やがてこの列島に定着していった。しかし、国家が制度化し、成熟していくにつれ、国外から来た人びとは、あくまでも異邦人《エトランジェ》としての待遇をうけるようになる。尊敬をもってとらえられてきた人びとが、脅威、差別の対象になっていくのである。

大阪は早くから国外からの来訪者の集住地ができていたせいもあり、次々とそうした人びとがやってきて、新しい文化をもたらしたり、労働力になったりした。大阪人がまったく寛容だったかどうかはともかく、彼らが受けいれる土壌があったことはたしかだろう。

この章では最後に、移民や移住者が集って住んだ場所の歴史と現在を歩いていきたい。

百済と猪飼野の記憶

小説家で古代史研究家の金達寿《キムダルス》（一九二〇～一九九七）に『日本の中の朝鮮文化』（一九七〇～一九九一年）という全一二巻におよぶシリーズがある。一九七〇年代の日本再発見の機運のさなか、この在日朝鮮人作家・学者は、日本列島のあらゆるところに朝鮮文化の影をみつけだしていく。

……では一つ、朝鮮からのその「帰化人」なるものが今日になお残している古代文化遺跡を実地に見てみようではないか、ということで私のこの紀行ははじまったのだった。だが、じつをいうと、朝鮮から渡来したものの残したその文化遺跡がこれほどまでに濃厚・濃密なものであるとは、私も知らなかったのである。

（金達寿『日本の中の朝鮮文化（2）山城・摂津・和泉・河内』）

大阪市の東南部は、金達寿も朝鮮文化の影響の深さ、古代朝鮮半島からの移住の古さに着目した地域である。

現在の天王寺区東部および生野《いくの》区西部は古代から百済野《くだらの》と呼ばれ、多数の百済国人が移り住んだ地とされる。奈良時代から平安時代にかけては、摂津国東成郡・住吉郡のそれぞれ一部を割いて百済郡が設置されていた。

JR大和路線の東部市場前駅の近くには、かつて百済駅があった。昭和三八年（一九六三）には日本最大級の貨物駅、百済駅（現・百済貨物ターミナル駅）として開業している。東住吉区を流れる今川・駒川流域、および生野区西部を流れる平野川（古名・百済川）流域一帯は、ほぼ古代の百済野、百済郡の場所と一致すると考えられている。

現在の生野区あたりは、近代以降も「猪飼野《いかいの》」と呼ばれていた。猪飼野は猪（豚）を飼育する人たちの土地という意味で、『日本書紀』仁徳天皇一四年一一月の条に「猪甘津《いかいのつ》に橋為《わた》す。即《すなわ》ち其《そ》の處《ところ》を號《なづ》けて小橋《おばせ》と曰う」と記述がみられる。猪飼野という地名は、現在は、平野川に架かる猪飼野新橋、市バスの猪飼野橋停留所、桃谷三丁目にある猪飼野保存会館にその名を残すのみとなっている。

また、猪飼野の中心である鶴橋という地名は、「つるの橋」から来ていて、このあたりに鶴が多く集まったところから橋の名となったようである。

鶴橋駅前のコリアンタウン

大阪市東部のＪＲ・近鉄鶴橋駅周辺の鶴橋商店街は、焼肉、キムチ、チヂミといった朝鮮半島の料理を楽しめ、チョゴリなどの衣料品、韓流グッズなどが店先を飾る、日本最大級のコリアンタウンだ。

図8-1　鶴橋駅前の商店街

鶴橋駅のまわりには、大阪鶴橋市場商店街、大阪鶴橋卸売市場、鶴橋西商店街、鶴橋高麗市場、鶴橋商店街、東小橋南商店街の六つの商店街がある。

鶴橋駅西側の鶴橋西商店街には、焼肉屋がたちならぶ。かつては靴屋や呉服店、紳士服店、スポーツ用品店、青果店などが並んでいたが、次第に飲食店におきかわり、いまでは焼肉店専門の飲食街のようになっている。近鉄線北側の鶴橋商店街は、韓国・朝鮮の食材店、惣菜店のほか、民族衣装をはじめとする衣料品をあつかう店が多い。近鉄のガード下から南側の鶴橋高麗市場には、キムチ・乾物・鮮魚など、韓国・朝鮮料理の食材店がならんでいる。猪飼野に住む女性が戦後に鶴橋駅周辺でキムチを売り歩いたのがはじまりだという。

入りくんだ狭い道も魅力になっているこの商店街の源流は、戦後の闇市にさかのぼる。戦前の鶴橋駅周辺は商店が点在するくらいで、太平洋戦争中は空襲の被害を免れたが、空襲による延焼を防ぐために建物を取り壊す建物疎開の対象となった。終戦時に空き地が広がっていたことが、闇市が立つには好都合だったようだ。

鶴橋商店街の近くには、戦前から在日コリアンが集まり暮らす地域があった。戦後は闇市から発展した鶴橋の商店街と一体化し、昭和三五年（一九六〇）頃からはコリアンフードの店も増えはじめ、昭和六三年のソウル五輪をきっかけに注目を集め、現在にいたっている。

私が大阪へはじめて行ってみたのは、さきの大戦が終わった直後のことだった。このころはいたるところ新生の活気にみちていたものだったけれども、猪飼野あたりを中心としたこの街のにぎわいには、私はほんとうに目をみはったものだった。活気にみちたにぎわいもさることながら、私はそこにいた朝鮮人の数の多いのにおどろいてしまったのである。そこはまるで朝鮮だった。一歩裏の路地にはいってみると、長い朝鮮キセルをくわえた老人たちが、のんびりとしたさまで縁台に腰をおろし、朝鮮将棋をさしたりしている。

このようなにぎわいと、朝鮮的すがたとはいまもさして変わりはない。私はいまでも大阪へ行くことがあると、よく猪飼野の〝朝鮮市場〟などを歩いてみることがある。朝鮮風の衣料品であれ食料品であれ、また食器であれ楽器であれ、李朝風の婚礼衣装にいたるまで、およそ朝鮮人にとって必要なものは、なんでもここで買いととのえることができる。

（金達寿、同前）

金達寿が訪ねた〝朝鮮市場〟が鶴橋駅前か、これから紹介する御幸通《みゆきどおり》周辺か明らかでないが、終戦直後から一九七〇年近くまでのこのあたりのようすをよく伝えてくれる。

韓流ブームに乗って

鶴橋駅からは南東に十数分、JR大阪環状線の桃谷駅からはほぼ真東に一〇分ほど歩いたところに、「大阪コリアタウン」という一角がある。

大阪コリアタウンは、御幸通商店街、御幸通中央商店会、御幸通東商店会の三商店街をあわせた通称で、東西五〇〇メートルの道沿いに約一二〇の店舗が軒をつらねている。中央と東の両商店街にはランドマークとして「御幸通中央門」と「百済門」がたち、観光客、買い物客をむかえてくれる。

平成五年（一九九三）から「コリアタウン」の呼称をもちいるようになったが、それまでは「朝鮮市場」とよばれ、韓流ブームの影響を受け、鶴橋駅西側一体からつづく大規模なコリアンタウンとして注目を集めるようになった。

この街の直接的な歴史は、一〇〇年以上前からになる。

明治四三年（一九一〇）の日韓併合を経て、大正一一年（一九二二）に済州島《チェジュとう》と大阪をつなぐ直行便「君が代丸」が就航。これを機に多くの朝鮮民族（大半は済州島出身者）が労働のために日本へ渡航するようになり、耕地整理や平野川改修工事といった土地区画整理事業がはじまっていた猪飼野周辺が受け皿となった。猪飼野には自然と朝鮮市場が誕生し、

図8-2　大阪コリアタウン

それを核にこの頃商店街としてスタートした。大阪市立鶴橋公設市場が開設されると、同胞を相手に商売をする人びとが集まり、その界隈が朝鮮市場と呼ばれるようになる。

その後大阪にも空襲がおこなわれると、御幸通で商売をしていた日本人店主たちが疎開をはじめ、裏手で商売をしていた在日韓国・朝鮮人たちが御幸通で店舗をかまえるようになった。

昭和二〇年（一九四五）の日本の敗戦後、戦前渡航者の約三分の二は済州島に帰ったが、昭和二三年におきた済州島四・三事件以降、多くの済州島出身者がふたたび日本、特に関西の生野区をめざした。昭和三〇年代から五〇年代前半にかけて、韓国・朝鮮の食品や物品が集まる商店街として隆盛期をむかえる。

ところが昭和五〇年代後半頃から、高度経済成長や在日韓国・朝鮮人の生活様式の変化などがあり、来街者が減少。そこで危機感をおぼえた商店主たちが、新しい顧客を呼びこむために「コリアタウン構想」をかかげた。そして令和三年（二〇二一）一二月に、三商店街が統合し、一般社団法人大阪コリアタウンが設立された。

図8-3　大阪コリアタウン歴史資料館

令和五年四月には、大阪コリアタウンの中心部に大阪コリアタウン歴史資料館がオープンした。韓国食材の製造・販売会社を営み、画家でもある在日三世の洪性翊《ホンソンイク》氏が、作業場として使っていたアトリエを無償で提供したものだ。館内には、大阪コリアタウンが生まれた背景や町の変遷などを紹介する展示に加え、韓国関係の資料や書籍など二〇〇〇冊を所蔵し、カフェも併設されている。白を基調にした建物の前には、詩人金《キム》時鐘《シジョン》の詩を刻んだ「共生の碑」がおかれている。

2　儒教と千字文を日本に伝えた王仁博士

大阪コリアタウンの西端にある御幸森天神宮の境内には、平成二一年（二〇〇九）に韓日親善のシンボルとして建てられた有名な王仁のハングル歌碑がある。

難波津に咲くやこの花冬ごもり今は春べと咲くやこの花

図8-4　王仁のハングル歌碑

難波高津宮において大鷦鷯尊《おほさざきのみこと》が即位して仁徳《にんとく》天皇となった際、その治世の繁栄を願って詠まれた歌といわれ、紀貫之《きのつらゆき》が「歌の父母」のひとつと称えたこの歌は、王仁の作だとされている。『日本書紀』によると、王仁は百済の使者・阿《あ》直岐《ちき》を介して、応神天皇の皇子・菟道稚郎子《うじのわきいらつこ》の

図8-5　伝王仁墓と百済門

教師として渡来し、さまざまな書物を講じたとある。『古事記』では和邇吉師《わにきし》と記され、『論語』や『千字文』、つまり儒教思想や漢字の基礎を日本に初めてもたらしたとされる。こうした功績により、江戸時代以降、王仁は、学問の祖として崇められるようになった。

　JR学研都市線長尾駅から南東へ約六〇〇メートル、枚方市藤阪に「伝王仁墓」がある。享保一六年（一七三一）、儒学者・並河誠所《なみかわせいしょ》がここを王仁の墓所であるとして、領主の久貝《くがい》因幡守正順に進言して墓碑を建てた。文政一〇年（一八二七）には、枚方招提村の家村孫右衛門が、この碑のすぐ近くに有栖川宮の筆による「博士王仁墳」の碑を建てたという歴史がある。

王仁は伝説上の人物とする説が有力だが、大阪を中心に多くの伝承地がある。とくに河内と和泉には王仁にかんする伝承が豊富で、河内国古市を本拠に文筆をもって朝廷に仕えた西文氏《かわちのふみうじ》は王仁の子孫といい、西文氏の流れをくむ高志氏《こしのうじ》の出である行基も、王仁の子孫だとされる。

北区大淀の一部、大阪環状線福島駅の北側の一帯は、かつては大仁《だいに》と呼ばれ、この地名は「王仁」が由来とされる。八阪《やさか》神社（大仁八阪神社）は王仁の氏神として素戔鳴尊《すさのをのみこと》を祀り、また、大阪市北区大淀南の素盞鳥尊神社（浦江八坂神社）の境内に王仁神社がある。王仁は伝説上の人物と思われるが、彼のような人物、あるいは集団がいたことは間違いないだろう。古代における渡来人の影響は、歴史や地名に深く刻まれているのだ。

3　キリシタンの堺

天文一八年（一五四九）、フランシスコ・ザビエルによって日本にキリスト教が伝えられた。翌天文一九年、薩摩から肥前国平戸、周防国山口を出て、京都に向かったザビエルは、堺に上陸、豪商の日比屋了珪（生没年不詳）の知遇を得る。了珪は茶の湯もたしなみ、津田宗及らと茶会をもよおし、茶道関係文書には同音の日比屋了慶、比々屋了桂の名で出てくる。

永禄四年（一五六一）、了珪は京都地方で布教を開始した宣教師ガスパル・ヴィレラ神父を堺に招き、永禄七年に受洗、家族揃って熱心なキリシタンとなる。霊名は「ディオゴ」だが「リョウゴ」とよばれ、了珪自身も天正一六年（一五八八）、五畿内キリシタンがイエズス会総長に送った連署状に「了五了珪」と署名している。

天正一五年（一五八七）の禁教令で堺の教会が破壊されたのち、了珪は邸内の瓦葺《かわらぶ》き三階建の建物を聖堂（教会）にした。この聖堂があった場所が現在のザビエル公園（戎公園、堺市堺区櫛屋町）である。了珪はキリシタンのための病院も引きうけた。

堺とキリスト教のかかわりでいえば、『日本史』を書いたルイス・フロイスは、永禄九年のクリスマスを堺で祝っている。フロイスは、三好三人衆と松永久秀《ひさひで》の配下のキリシタン武士を会合衆の会所に招き、キリストの絵を掛けて、クリスマスを祝ったという。

堺にはザビエル公園以外にも、キリスト教とのつながりを残している場所があり、ザビエル公園の南方、開口《あぐち》神社の手水鉢の表には、丸に錨《いかり》型十字紋が刻まれている。

図8-6　ザビエル公園

また宿院近くの浄土宗寺院・阿免寺《あめんじ》（堺市堺区中之町西）には、光背に十字架をつけた阿弥陀如来像がある。

阿免寺は文禄元年（一五九二）、光阿浄林によって創建。豊臣秀吉の政権下でキリスト教弾圧が厳しくなるなか、阿免寺は仏教寺院でありながらキリシタンをうけいれ、本堂の床下を高くしてマリア観音を祀り、参拝できるようにしたという。昭和二〇年（一九四五）七月の堺大空襲で本堂・本尊・庫裏が全て焼失。親戚寺に預けられていた阿弥陀如来像だけが戦火を免れた。昭和三五年頃には、教会から奉納された十字架が、この阿弥陀如来像の光背にとりつけられた。

キリシタン文化の遺産は、九州方面に多く見られる印象が強いが、南蛮貿易で栄えた堺にもひっそりと継承されているのだ。

4　近現代における移住と移民

「リトル沖縄」とよばれる大正区平尾

大阪へは国内からの移住も少なくなかった。とくに最初は出稼ぎで沖縄からやってきた人びとである。移住者が多数を占めることから「リトル沖縄」と呼ばれる大正区平尾へは、西成区津守《つもり》から渡船を使うと楽しい。

大阪市内には、市の運営する渡船場が八か所あり、通勤通学の足として日常的に多くの人に利用されている。八か所のうち七か所は大正区にあり、そのうちの三カ所（落合上渡船場、落合下渡船場、千本松渡船場）が大正区と西成区を結んでいる。一〇分から一五分間隔で運行し、乗船時間は一分から五分ほど（基本的に一月一日以外は毎日運航している）。津守と平

図8-7　平尾本通商店街の沖縄食品店

尾を結ぶのは落《おち》合《あい》下《しも》渡船である。

平尾本通商店街（サンクス平尾）を中心に、沖縄民謡ショーがおこなわれる居酒屋、沖縄そば屋、沖縄雑貨・食材の店などがある。

沖縄県から大正区への移住者は、第一次世界大戦後に本格的に増えていった。沖縄は深刻な不況から、日本本土への出稼ぎや、海外移民が急増する。この時期の大阪は、紡績産業をはじめとする軽工業が発展し、多くの労働力を必要としていた。

その中心は、渋沢栄一や藤田伝三郎らが出資し、西成郡三軒家村（現・大正区）に設立された大阪紡績会社（現・東洋紡）である。紡績産業の勃興期を迎えた大阪に、沖縄からの出稼ぎが大挙し、なかでも大正区には移住者があいつぎ、沖縄人の集住地区が形成されるようになったのである。

モスクを中心にムスリムが集う大和田

阪神本線の千船駅で下車し南へ進み、神崎川にかかる千船大橋を渡る。渡ってすぐ右手の町なか（西淀川区大和田）に、アラビア語をかかげたビルがある。ここ「大阪マスジド」には、パキスタンやインドネシア、エジプトやスーダンなど、世界各国にルーツをもつイスラム教徒、ムスリムが集まる。マスジドはアラビア語で「平伏する場所」を意味し、イスラム教を信じる人びとが集うモスクのことだ。

西淀川区は中古車ビジネスなどに携わるムスリムが比較的多く、コミュニティが形成されるにつれ、モスクを求める声が高まったという。平成一三年（二〇〇一）、西淀川区出来島にマスジドが開堂され、その後同区中島一丁目へ移転。平成二二年一月二五日、現在の大和田に、鉄筋四階建ての専門学校の校舎を購入して現在のマスジドになった。

ミントグリーンを基調とした特徴的な外壁、正面にはドームがデザインされている。国内で最大級の規模を誇る建物の三階にある礼拝所には、聖地メッカの方角に設けられたアーチ状のくぼみ「ミフラーブ」が設けられ、説教壇「ミンバル」も置かれている。毎週金曜日になると近畿中からムスリムたちが集まる。

ハラール食材店になっている一階部分の、向かって左側が男性用で、右側が女性用の入り口。食材店では、ハーブやスパイス、マトン肉などハラール食材をとりそろえている。

マスジドの向かいには平成二五年にオープンした「大阪ハラールレストラン」があるほか、近隣にはいくつものハラール料理を提供するレストランが点在し、ムスリムはもちろん、ムスリム以外の人びとでにぎわっている。

図8-8　大阪マスジド

＊

移民や移住者は、第6章でみた〈ハイブリッド〉（混交・交雑）を体現するものであり、その歴史と現在は大阪の縮図といってもいいすぎではない。大阪の本質的な意味での中心は、こうした周縁の多様性のなかにあるのではないかと私は思う。

終章

「大阪」とは何か

あべのハルカスの足元

この終章をいま私は、あべのＨＯＯＰのスターバックスコーヒーで書いている。ＨＯＯＰはあべのハルカスのすぐ南にあり、スタバはその二階に入っている。序章にも記したとおり、この終章だけではなく、かなりの本をここで書いている。私が大阪でもとくにあべのが好きなのは、ここまでの章で取り上げた、建築家の村野藤吾、民俗学者の宮本常一が、天王寺・あべのに縁が深いことも理由のひとつである。村野はこの近くに事務所をかまえたし、いくつもの建築を天王寺・あべので設計した。

宮本常一は天王寺師範学校以来、泉州の学校につとめ、堺に住んでいたこともあり、このあたりはなじみだったはずだ。そしてここにもうひとり、天王寺・あべのにゆかりのある人物をあげておきたい。旧制住吉中学校で庄野潤三を教えた、詩人の伊東静雄である。

伊東静雄と堺屋太一

伊東静雄は、日本の古典や、リルケ、ヘルダーリンといったドイツの詩人の影響によって詩作を始めたことからわかるように、戦前の詩人のなかでも、硬質の抒情を湛えた作風で知られる。

長崎県諫早生まれで、京都帝国大学国文科卒業後、住吉中学校に就職し、高校に近い住吉区阪南町（現・阿倍野区）に住んだ。その後、堺市北三国ヶ丘町に移って、終戦間近に大空襲で被災している。第三詩集『春のいそぎ』（一九四三年）に収められた「春の雪」は、自宅近くにある古墳の情景（反正天皇陵古墳か）に、静かに降る雪描いた佳品だ。

みささぎにふるはるの雪
枝透きてあかるき木々に
つもるともえせぬけはひは

なく聲《こえ》のけさはきこえず
まなこ閉ぢ百《もも》ゐむ鳥の
しづかなるはねにかつ消え

ながめゐしわれが想ひに
下草のしめりもかすか

春來むとゆきふるあした

（伊東静雄「春の雪」）

若き日の三島由紀夫が、伊東静雄の詩をこよなく愛し、中学時代に、処女作品集の序文を依頼しに大阪まで伊東を訪ねたことは、よく知られている（ただし序文は書かれなかった）。三島もたぶん天王寺で乗り換えたはずだ。私は戦中戦後の天王寺・あべののどこかで、村野と宮本と伊東がすれちがっていたのではないか、と想像し、ひとりでおもしろがっている。

本編ではふれなかった人物で、堺屋太一（一九三五〜二〇一九）の名前も挙げておきたい。ＥＸＰＯ'70に通産官僚として関わり、その後も博覧会という巨大イベントを、いくつも仕掛けた人物だ。

大阪市東区岡山町（現・中央区玉造）生まれで、大阪府立住吉高等学校を経て東京大学経済学部卒業後、通商産業省（現・経済産業省）に入省。ＥＸＰＯ'70の企画・実施に携わり、沖縄開発庁に出向して沖縄海洋博も担当。花の万博、セビリア万博にも関与した、今回の万博の大阪開催も提唱した。ベストセラー作家として一時代を築いた堺屋の側面は、現在、それほど顧みられることが少ない。官僚、作家、政治家、イベントプロデューサーなどさまざまな顔を持ち、実際に社会を動かしたハイブリッドな人物といえるだろう。堺屋の名前を挙げておきたかったのは、じつは私が卒業した中学校の大先輩だということもある……。

＊

私はいまあべのＨＯＯＰのスタバで、こんな想像をしている。

村野藤吾と宮本常一と伊東静雄が、近くの席で待ちあわせていて、これから夢洲の万博に行こうとしているところだ。おそらく村野が誘ったに違いなく、宮本はＥＸＰＯ'70も開会式前に内覧しているので、今回の万博にも興味があるのだろう。待ち合わせ遅れてまだ来ない伊東は、いったい何館が目当てなのか。

また別の席から大柄な男たちが立ちあがった。彼らも夢洲に向かうのだろう。よく見ると、先頭は小松左京で、一緒にいるのは開高健、小田実、高橋和巳ではないか。小松が「美食」だ「デザイン」だ、「越境」だ「非主流」だとまくしてたてているのは、今回の万博にそうした面も期待しているからだろう。堺屋太一もいそうなものだが、文化人とは別の人びとと、すでに夢洲に向かったのだろう。私はこの原稿を書きあげたら、堺の出身でこの本を担当してくれた、SBクリエイティブ学芸書籍編集部の藤井翔太さんと夢洲に行くつもりだ。

以上は他愛もない妄想だけれど、もしかしたら、今年から大阪には明るい未来が開けるかもしれない。

大阪は知的で美しい

ここまで8つのキーワードをもとに大阪を旅してきたが、私が最も強調した大阪像は、知的で美しいということである。「おもろい」「がめつい」といった大阪の個性は、いまさら主張すべきことではないし、こういったイメージは、これまで一部の大阪人の一部が流布させてきたものにすぎない。

大阪らしい慣用句に「もうおかりまっか?」「ぼちぼちでんな」というのがある。この慣用句は、ふたりの会話としてだけではなく、ひとりツッコミで、内心でつぶやかれる言葉でもある。

「もうかりまっか?」は決して忌むべき言葉ではなく、経済や経営をないがしろにするべきでないことはいうまでもない。しかし、大阪人は「もうかりまっか？」ばかりを考えてきたわけではなかった。江戸時代の大坂の学者たち、たとえば山片蟠桃も、番頭として「もうかりまっか？」が頭の中心を占めていた。だが蟠桃には、難解な思想や哲学・科学という支えがあったからこそ、家業や藩政を立てなおすことができたのである。

美しさもまた、大阪を考えていくうえで欠かすことができない。デザイン、景観、文学表現における成熟、洗練された美意識ぬきに「もうかりまっか？」ばかり言っていたら、大阪は無味乾燥で、粗野なところになっていくことだろう。

大阪は日本の、あるいは世界のどこかと対抗する必要などなくて、オルタナティブで独自の輝きを放ちつづければいいと思う。「ぼちぼちでんな」には、そんな反語的精神がこめられているのではないか。

この本を読むことで、大阪の見方が変わるはずだ。そして、多くの読者が大阪の見方を変えることで、大阪はさらに、知的で美しくなっていくのである。

引用・参考文献

序章および全体にかかわるもの

井上章一『関西人の正体』小学館、一九九五年（後に朝日文庫より復刊、二〇一六年）
井上章一『大阪的――「おもろいおばはん」は、こうしてつくられた』幻冬舎新書、二〇一八年
大阪府の歴史散歩編集委員会編『大阪府の歴史散歩（上・下）』山川出版社、二〇〇七年
大谷晃一『大阪学』経営書院、一九九四年（後に新潮文庫より復刊、一九九七年）
大谷晃一『続大阪学』経営書院、一九九四年（後に新潮文庫より復刊、一九九七年）
小松左京『関西過去・未来考 大阪タイムマシン紀行――その1500年史を考える』PHP研究所、一九八二年
小松左京『こちら関西――もうひとつの情報発信基地・大阪』文藝春秋、一九九四年
小松左京『こちら関西〈戦後編〉――もうひとつの情報発信基地・大阪』文藝春秋、一九九五年
中井正弘『堺意外史100話　増補改訂版』ホウユウ出版部、二〇一六年
中沢新一『大阪アースダイバー』講談社、二〇一二年
宮本又次『関西と関東』青蛙房、一九六六年（後に文春学藝ライブラリーより復刊、二〇一四年）
宮本又次『大阪商人・その土性骨のうつりかわり』中外書房、一九六八年（後に『大阪商人』として講談社学術文庫より復刊、二〇一四年）

第1章

開高健「やってみなはれ――サントリーの七十年・戦後篇」山口瞳、開高健『やってみなはれ みとくんなはれ』新潮

文庫、二〇〇三年
小藤政子『大阪の漁業と暮らし――海に生きる人々の漁撈生活』初芝文庫、二〇一一年
司馬遼太郎『菜の花の沖　二』文藝春秋、一九八二年（後に文春文庫より復刊、二〇〇〇年）
辻静雄「贅沢の人間学」『料理に「究極」なし』文藝春秋、一九九四年（後に文春文庫より復刊、一九九七年）
「日本の食生活全集 大阪」編集委員会編『日本の食生活全集（27）聞き書き 大阪の食事』農山漁村文化協会、一九九一年
牧村史陽編『大阪ことば事典』講談社、一九七九年（後に講談社学術文庫より復刊、一九八四年）
松岡静雄『日本古語大辞典［正］語誌篇』刀江書院、一九三七年
山口瞳「青雲の志について――小説・鳥井信治郎」山口瞳、開高健『やってみなはれ みとくんなはれ』新潮文庫、二〇〇三年
『文藝別冊　辻静雄――食文化研究の先駆者、フランス料理の伝道者』河出書房新社、二〇一四年

第2章

五木寛之『隠された日本 大阪・京都 宗教都市と前衛都市』ちくま文庫、二〇一四年
懐徳堂記念会編『懐徳堂ライブラリー7　大坂・近畿の城と町』和泉書院、二〇〇七年
小松左京「大阪」『わたしの大阪』中公文庫、一九九三年
司馬遼太郎「河内みち」『街道をゆく3　陸奥のみち、肥薩のみちほか』朝日新聞社、一九七三年（後に朝日文庫より復刊、一九七八年）
手塚治虫『ブラックジャック』④、秋田書店、二〇〇四年
村野藤吾研究会編『村野藤吾建築案内』TOTO出版、二〇〇九年

第3章
川上未映子『夏物語』文藝春秋、二〇一九年（後に文春文庫より復刊、二〇二一年）
コシノヒロコ、コシノジュンコ、コシノミチコ「スペシャルインタビュー　コシノ三姉妹」『岸和田市市制100周年記念誌』岸和田市、二〇二二年
小前亮『広岡浅子――明治日本を切り開いた女性実業家』星海社新書、二〇一五年
柴崎友香『その街の今は』新潮社、二〇〇六年（後に新潮文庫より復刊、二〇〇九年）
田辺聖子『私の大阪八景』文藝春秋新社、一九六五年（後に岩波現代文庫より復刊、二〇〇〇年）
田辺聖子『大阪弁おもしろ草子』講談社現代新書、一九八五年（後に中公文庫より復刊、二〇二〇年）
田辺聖子『田辺写真館が見た〝昭和〟』文藝春秋、二〇〇五年（後に文春文庫より復刊、二〇〇八年）
富岡多惠子「ピジン・オオサカ語」『難波ともあれ ことのよし葦』筑摩書房、二〇〇五年
日限満彦『アメリカ村のママ 日限萬里子』小学館、二〇〇七年
松村由利子『ジャーナリスト与謝野晶子』短歌研究社、二〇二二年
山崎豊子『暖簾』東京創元社、一九五七年（後に新潮文庫より復刊、一九六〇年）
与謝野晶子「婦人改造の基礎的考察」鹿野政直、香内信子編『与謝野晶子評論集』岩波文庫、一九八五年
『文藝別冊　川上未映子――ことばのたましいを追い求めて』河出書房新社、二〇一九年
『ミーツ・リージョナル別冊　1969～2002　アメリカ村から南船場・堀江へ　日限萬里子と大阪ミナミの30年』京阪神エルマガジン社、二〇〇二年

第4章
芥川龍之介「僻見」『芥川龍之介全集　第11巻』岩波書店、一九九六年
折口信夫「自歌自註」『折口信夫全集　第31巻』中央公論社、一九九七年

小松左京「山片蟠桃」『わたしの大阪』中公文庫、一九九三年
司馬遼太郎「仙台・石巻」『街道をゆく26　嵯峨散歩、仙台・石巻』朝日新聞社、一九八五年（後に朝日文庫より復刊、一九九〇年）
釈徹宗『天才 富永仲基――独創の町人学者』新潮新書、二〇二〇年
富岡多恵子『釋迢空ノート』岩波書店、二〇〇〇年（後に岩波現代文庫より復刊、二〇〇六年）
ドミニク・チェン『コモンズとしての日本近代文学』イースト・プレス、二〇二二年
宮川康子『自由学園都市 大坂――懐徳堂と日本的理性の誕生』講談社選書メチエ、二〇〇二年
宮本常一『新編　村里を行く』未来社、一九六一年

第5章

宇野浩二「解説」上司小剣『鱧の皮　他五篇』岩波文庫、一九五二年
宇野浩二「長い恋仲」『宇野浩二全集　第1巻』中央公論社、一九七二年
上司小剣「鱧の皮」『鱧の皮　他五篇』岩波文庫、一九五二年
小松左京「大阪の未来のために」『わたしの大阪』中公文庫、一九九三年
司馬遼太郎『殉死』文藝春秋、一九六七年（後に文春文庫より復刊、一九七八年）
司馬遼太郎『ひとびとの跫音』中央公論新社、一九八一年（後に中公文庫より復刊、一九八三年）
柴崎友香『その街の今は』新潮社、二〇〇六年（後に新潮文庫より復刊、二〇〇九年）
筒井康隆「夜を走る」『夜を走る　トラブル短編集』角川文庫、二〇〇六年
町田康『告白』中央公論新社、二〇〇五年（後に中公文庫より復刊、二〇〇八年）
藪田貫『大塩平八郎の乱――幕府を震撼させた武装蜂起の真相』中公新書、二〇二二年
『文藝別冊　司馬遼太郎――幕末～近代の歴史観』河出書房新社、二〇〇一年

第6章
赤松啓介「大阪及び附近民間信仰調査報告」『赤松啓介民俗学選集　第3巻』明石書店、一九九八年
折口信夫「山越しの阿弥陀像の画因」『昭和文学全集　第4巻』小学館、一九八九年
折口信夫「信太妻の話」『折口信夫全集　第2巻』中央公論社、一九九五年
川端康成「反橋」『反橋・しぐれ・たまゆら』講談社文芸文庫、一九九二年
小松左京「女狐」『小松左京全集完全版　第15巻』城西国際大学出版会、二〇一〇年
司馬遼太郎「堺・紀州街道」『街道をゆく4　郡上・白川街道、堺・紀州街道ほか』朝日新聞社、一九七四年（後に朝日文庫より復刊、二〇〇八年）
庄野潤三『水の都』河出書房新社、一九七八年（後に河出文庫より復刊、一九八三年）
須賀敦子『遠い朝の本たち』筑摩書房、一九九八年（後にちくま文庫より復刊、二〇〇一年）
須賀敦子『地図のない道』新潮社、一九九九年（後に新潮文庫より復刊、二〇〇二年）
筒井嘉隆、筒井康隆「対談 人間滅亡への道」筒井嘉隆『町人学者の博物誌』河出書房新社、一九八七年
筒井康隆『東海道戦争』中央公論社、一九七六年（後に中公文庫より復刊、一九七八年）
『文藝別冊　総特集　筒井康隆――日本文学の大スタア』河出書房新社、二〇一八年
「歌舞伎演目案内　芦屋道満大内鑑～葛の葉」(https://enmokudb.kabuki.ne.jp/repertoire/2222/)

第7章
東浩紀編『小松左京セレクション1　日本』河出文庫、二〇一一年
東浩紀編『小松左京セレクション2　未来』河出文庫、二〇一二年
開高健『日本三文オペラ』文藝春秋、一九五九年（後に新潮文庫より復刊、一九七一年）

開高健『破れた繭　耳の物語』新潮社、一九八六年（後に岩波文庫より復刊、二〇一九年）
小松左京『日本アパッチ族』光文社、一九六四年（後に角川文庫より復刊、一九七一年）
小松左京『やぶれかぶれ青春期・大阪万博奮闘記』新潮文庫、二〇一八年
畑中章宏『今を生きる思想　宮本常一――歴史は庶民がつくる』講談社現代新書、二〇二三年
町田康「川上未映子の小説について」『文藝別冊　川上未映子――ことばのたましいを追い求めて』河出書房新社、二〇一九年
町田康『口訳 古事記』講談社、二〇二三年
宮本常一『忘れられた日本人』岩波文庫、一九八四年
『季刊環【歴史・環境・文明】vol.31　特集＝われわれの小田実』藤原書店、二〇〇七年
『文藝別冊　生誕85年記念総特集　開高健――体験からの文学 増補新版』河出書房新社、二〇一〇年
『文藝別冊　追悼 小松左京――日本・未来・文学、そしてＳＦ』河出書房新社、二〇一一年

第8章

上田正昭監修、猪飼野の歴史と文化を考える会編『ニッポン猪飼野ものがたり』批評社、二〇一一年
金達寿『日本の中の朝鮮文化（2）山城・摂津・和泉・河内』講談社、一九七二年（後に講談社文庫より復刊、一九八三年）
金達寿『古代遺跡の旅――飛鳥ロマンを散歩する』サンケイ新聞出版局、一九七二年
杉原達『越境する民――近代大阪の朝鮮人史研究』新幹社、一九九八年（後に岩波現代文庫より『越境する民――近代大阪の朝鮮人史』として復刊、二〇二三年）
福本拓『大阪エスニック・バイタリティ――近現代・在日朝鮮人の社会地理』京都大学学術出版会、二〇二二年

終章

伊東静雄「春の雪」桑原武夫、富士正晴編『伊東静雄詩集』新潮文庫、一九五七年
堺屋太一『堺屋太一が見た戦後七〇年 七色の日本』朝日新聞出版、二〇一五年

＊本書に引用した文章に、当時の社会状況や通念を反映して、差別や偏見をともなう記述や用語が見られるが、これらの文章の歴史的性格を考慮して原文のまま収録した

＊ＵＲＬの最終閲覧日は二〇二五年二月二八日

図版出典

序章

図0－1　筆者撮影
図0－2　筆者撮影
図0－3　阪堺電気軌道株式会社提供
図0－4　柏原市立歴史資料館提供
図0－5　阪堺電気軌道株式会社提供

第1章

図1－1　筆者撮影
図1－2　筆者撮影
図1－3　大阪府環境農林水産部農政室提供
図1－4　大阪府環境農林水産部農政室提供
図1－5　大阪府環境農林水産部農政室提供
図1－6　筆者撮影
図1－7　筆者撮影
図1－8　アサヒビール株式会社所蔵
図1－9　筆者撮影

第2章

図2−1　筆者撮影
図2−2　HeT大阪建築提供（森本浩充撮影）
図2−3　葛井寺所蔵
図2−4　飛鳥園所蔵
図2−5　筆者撮影
図2−6　筆者撮影
図2−7　筆者撮影
図2−8　筆者撮影
図2−9　筆者撮影
図2−10　筆者撮影
図2−11　筆者撮影
図2−12　筆者撮影
図2−13　筆者撮影

第3章

図3−1　『与謝野晶子詩歌集』（国立国会図書館デジタルコレクション）
図3−2　『住吉・堺名所幷ニ豪商案内記』（堺市立中央図書館所蔵）
図3−3　『明治大正建築写真聚覧』
図3−4　岸和田市提供

図3-5　筆者撮影
図3-6　筆者撮影
図3-7　筆者撮影

第4章
図4-1　筆者撮影
図4-2　筆者撮影
図4-3　『夢の代』（大阪大学附属図書館所蔵）
図4-4　一般財団法人懐徳堂記念会所蔵
図4-5　筆者撮影
図4-6　大阪市立自然史博物館所蔵
図4-7　中村教材資料文庫所蔵
図4-8　筆者撮影
図4-9　『折口信夫全集 第卅一巻』（国立国会図書館デジタルコレクション）
図4-10　宮本常一記念館所蔵

第5章
図5-1　筆者撮影
図5-2　『出潮引汐奸賊聞集記』（大阪歴史博物館所蔵）
図5-3　『菅祠献土画巻』（大阪公立大学杉本図書館所蔵、大阪公立大学大学史資料室撮影）
図5-4　「上田秋成像」（ウィキペディア・コモンズ）

図5−5　『夫婦善哉』（三木淳撮影）
図5−6　筆者撮影

第6章

図6−1　筆者撮影
図6−2　「新形三十六怪撰」「葛の葉きつね童子にわかるゝの図」（東京都立図書館デジタルアーカイブ）
図6−3　『不動利益縁起絵巻』（ColBase（https://colbase.nich.go.jp/）、東京国立博物館所蔵）
図6−4　筆者撮影
図6−5　『近畿名所』（国立国会図書館デジタルコレクション）
図6−6　筆者撮影
図6−7　筆者撮影
図6−8　筆者撮影
図6−9　筆者撮影
図6−10　三津寺提供
図6−11　筆者撮影
図6−12　堺市博物館収蔵品データベース
図6−13　『堺大観』（堺市立中央図書館所蔵）
図6−14　筆者撮影
図6−15　筆者撮影

第7章

図7−1　筆者撮影
図7−2　堺市博物館収蔵品データベース
図7−3　筆者撮影
図7−4　筆者撮影
図7−5　筆者撮影

第8章

図8−1　筆者撮影
図8−2　筆者撮影
図8−3　筆者撮影
図8−4　筆者撮影
図8−5　筆者撮影
図8−6　筆者撮影
図8−7　筆者撮影
図8−8　筆者撮影

著者略歴

畑中章宏（はたなか・あきひろ）

1962年、大阪府生まれ。民俗学者。近畿大学法学部卒業。研究対象は、災害伝承、民間信仰から最新の流行現象まで幅広い。30年におよぶ東京生活から数年前に帰阪し、「新・大阪学」に取り組んでいる。著書に『柳田国男と今和次郎』（平凡社新書）、『災害と妖怪』（亜紀書房）、『天災と日本人』『廃仏毀釈』（以上、ちくま新書）、『21世紀の民俗学』（KADOKAWA）、『死者の民主主義』（トランスビュー）、『五輪と万博』（春秋社）、『今を生きる思想 宮本常一』（講談社現代新書）、共著に『『忘れられた日本人』をひらく』『会社と社会の読書会』（以上、黒鳥社）などがある。

SB新書　690

新《しん》・大《おお》阪《さか》学《がく》

2025年4月15日　初版第1刷発行

著　者　畑中章宏《はたなかあきひろ》
発行者　出井貴完
発行所　SBクリエイティブ株式会社
〒105-0001　東京都港区虎ノ門2-2-1
装　丁　杉山健太郎
D T P　株式会社キャップス
校正・校閲　株式会社鷗来堂
印刷・製本　中央精版印刷株式会社

本書をお読みになったご意見・ご感想を下記URL、
または左記QRコードよりお寄せください。
https://isbn2.sbcr.jp/30904/

落丁本、乱丁本は小社営業部にてお取り替えいたします。定価はカバーに記載されております。
本書の内容に関するご質問等は、小社学芸書籍編集部まで必ず書面にて
ご連絡いただきますようお願いいたします。

ISBN　978-4-8156-3090-4